PHILIBERT DE CHALON

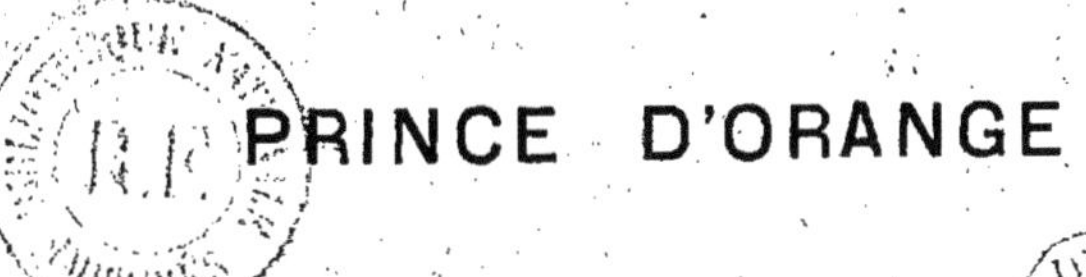

PRINCE D'ORANGE

PAR L. SANDRET.

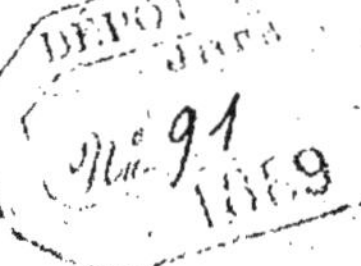

POLIGNY
IMPRIMERIE GUSTAVE COTTEZ
—
1889

AU PRINCE AUGUSTE D'ARENBERG.

Mon Prince,

C'est à vous que je dois la pensée et le moyen de faire ce livre; car c'est dans vos riches Archives du château d'Arlay que j'ai puisé les documents qui m'en ont suggéré l'idée et fourni les matériaux. A vous donc en appartient la dédicace. Veuillez l'agréer comme un témoignage de mon respect et de ma reconnaissance.

L. SANDRET.

Ce livre est consacré à la mémoire d'un franc-comtois, illustre par son origine et plus encore par sa brillante et trop courte carrière. Venu au monde à une époque dont l'histoire est riche en événements et en vaillants hommes, il y occupe une place distinguée, et l'auteur a cru faire une chose utile, en rassemblant et publiant tous les faits de la vie de Philibert de Châlon, prince d'Orange.

Il doit rendre compte au lecteur des sources qu'il a consultées pour son travail.

Les historiens récents de la Franche-Comté n'ont pu lui être d'un grand secours, car ils ne consacrent à Philibert de Châlon qu'un petit nombre de pages et même de lignes. Une brochure qui a paru dans ces dernières années touchant le même personnage, s'est étendue un peu plus sur son histoire. Mais si l'auteur a fait preuve de sentiments d'admiration pour son compatriote, il ne donne de la vie de son héros qu'un sommaire très incomplet et très peu exact. Il est même surprenant que la bibliographie de l'illustre franc-comtois soit demeurée de nos jours, à une époque où le goût des recherches historiques s'est heureusement réveillé, si peu connue et, disons-le, si négligée. Faisons du reste une exception pour l'historien de la Franche-Comté, le président Clerc de Landeresse. Philibert de Châlon l'attirait; une savante étude sur le lieu de sa naissance, qui nous a été très utile, témoigne de son zèle pour faire mieux connaître le glorieux enfant de la Franche-Comté, et nous ne doutons pas qu'il n'eut enrichi la littérature franc-comtoise d'un nouveau volume sur Philibert, si la mort n'était venue interrompre ses savants travaux.

En revanche, c'est dans les anciens historiens de la province, les *Mémoires* de Gollut, le *Comté de Bourgogne* de Dunod, la *ville de Salins* de l'abbé Guillaume, une notice imprimée dans les œuvres complètes de Gilbert Cousin, de *Melguitius* (nous ne connaissons que ce nom latinisé), médecin de Philibert, que nous avons trouvé une assez grande abondance de matériaux. Il est toutefois bien regrettable que le savant écrivain de Nozeroy, que nous venons de nommer, n'ait pas tenu la promesse qu'il fait dans sa *Description de la Haute Bourgogne*, de publier une histoire de Philibert. Cette histoire a-t-elle jamais été écrite, existe-t-elle manuscrite ou imprimée? Nous l'ignorons complètement. Nous avons aussi très largement mis à contribution l'*Histoire de la maison d'Orange*, par La Pise, et la *Notice manuscrite sur Philibert de Châlon*, d'Abry d'Arcier. Cette notice, malheureusement trop courte, est le fruit des recherches d'un érudit de la fin du siècle dernier, qui a pu trouver les matériaux de ses savantes et nombreuses élucubrations dans des Archives disparues aujourd'hui. Grâce à lui, les trésors historiques qu'elles renfermaient n'ont pas été entièrement perdus, et il est à désirer, comme au reste on a commencé de le faire, qu'un choix judicieux parmi ses précieux travaux les fasse connaître au public. Cette notice sur Philibert a été généreusement mise à la disposition de l'auteur par M. Charles Berthelet, arrière-petit-fils d'Abry d'Arcier, et dépositaire de ses papiers. Qu'il en reçoive ici le témoignage de sa reconnaissance.

Parmi les Archives que d'Arcier avait consultées, un dépôt considérable a été conservé, ce sont les Archives du château d'Arlay, créées depuis l'origine de la maison de Châlon, et formées durant six siècles par les seigneurs de cette maison et leurs successeurs. Elles existent encore presque entières, quoique ayant souffert des ravages des révolutions et des larcins de mains infidèles. Elles appartiennent aujourd'hui au Prince Auguste d'Arenberg. Justement fier de posséder ce trésor, il apporte à sa conservation un soin pieux. Il a bien voulu nous permettre d'y puiser ; et nous en avons tiré les documents les plus précieux, qui nous ont fourni sur notre héros des détails curieux et exacts.

Les historiens du XVIe siècle, ainsi que quelques autres sources moins importantes, nous ont servi pour les faits de la vie de Philibert qui se rapportent à l'histoire générale.

Nous publions à la suite de notre travail, comme pièces justificatives, des documents, en partie inédits, et dont l'intérêt ne peut manquer d'être vivement apprécié.

L'auteur a cru inutile et fatigant pour le lecteur d'encombrer le bas des pages de citations. Comme il a apporté une attention scrupuleuse à ne rien avancer sans preuves, il s'est contenté de ne citer ses autorités que pour les faits les plus notables.

Etranger à la Franche-Comté, il s'est accoutumé dans plusieurs séjours qu'il y a faits à aimer ce beau pays, et il offre ici aux Francs-Comtois le fruit de ses recherches, sur leur illustre compatriote, comme un tribut d'affection et de reconnaissance. Il demande qu'on lui pardonne ses faiblesses, à cause du sentiment pieux qui l'a guidé dans son travail, et répète ici le mot de Tacite :

« Professione pietatis, aut laudatus ero, aut excusatus. »
« *(Vie d'Agricola)*.

PHILIBERT DE CHALON

CHAPITRE I.

ORIGINE DE PHILIBERT.

Philibert de Châlon descendait d'une famille qui a laissé une forte empreinte dans l'histoire. Ses membres ont successivement rempli pendant quatre siècles un rôle important dans les guerres du moyen-âge.

Tantôt amis de la France, tantôt armés contre elle, on les vit toujours fiers et indépendants, comme la province à laquelle ils appartenaient, quoique souvent menacés et même assujettis par des étrangers. Cette province porte aujourd'hui le nom de Franche-Comté (1), et était connue aux XIIIe, XIVe et XVe siècles sous celui de Comté de Bourgogne.

Philibert a clos brillamment la descendance de la maison de Châlon, et l'on peut dire, sans crainte, que, le dernier de cette lignée, il a été le plus illustre par ses hauts faits, ses dignités et sa mort.

Qu'il nous soit permis de donner ici une notice sommaire de la suite des ancêtres dont il était issu. Notre plan ne nous permet pas de nous étendre sur l'histoire de ces personnages, ni même d'énumérer, dans une simple nomenclature, les descendants notables de la maison de Châlon. Nous nous contenterons de suivre la série des seigneurs de ce nom, depuis le XIIIe siècle jusqu'au XVIe.

JEAN, surnommé le *Sage* ou l'*Antique*, comte de Bourgogne.

(1) La Franche-Comté comprend les départements actuels de la H^te^-Saône, du Doubs et du Jura.

sire de Salins, sortait de la maison des ducs de Bourgogne. Il épousa 1° Mahault de Châlon, et de ce mariage, il prit le nom et les armes de Châlon; 2° Isabeau de Courtenay; 3° Laure de Commercy. Il fit son testament en 1262.

Son fils, Jean I de Châlon, dit Brichemel, forma la branche des barons d'Arlay. Il épousa Marguerite, fille du duc de Bourgogne.

De lui naquit Hugues de Châlon, dit le *Grand*, baron d'Arlay, lequel testa en 1322. Il avait eu pour femme Béatrix de Vienne.

Son fils et successeur, Jean II de Châlon, baron d'Arlay, vivait vers 1350. Il avait épousé Marguerite de Craon.

Il en eut Louis I de Châlon, baron d'Arlay, marié à Marguerite de Vienne. Louis mourut en 1379.

Jean III de Châlon, baron d'Arlay, son fils, accrut les vastes domaines de la maison de Châlon d'une seigneurie importante qui portait le titre de principauté. Il devint prince d'Orange (1) par son mariage, en 1393, avec Marie de Baux, fille unique et héritière de Raymond V de Baux, prince d'Orange. Le nouveau prince d'Orange mourut en 1418.

Il laissa son héritage à Louis II de Châlon, dit le *Bon*, prince d'Orange et baron d'Arlay. Louis épousa en premières noces, Jeanne de Montbéliard, en deuxièmes noces, Éléonore d'Armagnac. Il mourut en 1462.

Guillaume de Châlon, son fils, prince d'Orange et baron d'Arlay, ne survécut pas longtemps à son père, il mourut en 1475. Il avait eu pour femme Catherine de Bretagne, sœur du duc de Bretagne François II, et tante de la célèbre Anne de Bretagne, reine de France.

Jean IV de Châlon, prince d'Orange et baron d'Arlay, fils de Guillaume, eut deux femmes; 1° Jeanne de Bourbon, dont il n'eut pas d'enfants; 2°, en 1494, Philiberte de Luxembourg, qui devint mère de Clauda et de Philibert, dont nous écrivons l'histoire. Jean IV mourut, comme on le verra, en 1502.

(1) La principauté d'Orange était située sur les limites du Comtat Venaissin et du Dauphiné.

Cette courte notice suffira au lecteur, pour lui permettre de juger de la haute origine de notre héros. Nous allons maintenant entrer dans notre récit de l'histoire de Philibert de Châlon, prince d'Orange et baron d'Arlay.

CHAPITRE II

NAISSANCE ET PREMIÈRES ANNÉES DE PHILIBERT.

Au commencement de 1502, Jean IV de Châlon tomba malade à Lons-le-Saunier. Philiberte de Luxembourg, sa seconde femme, alors enceinte et dans un état de grossesse avancé, était auprès de son mari. Elle avait auparavant formé le projet de se rendre à Nozeroy dans un de ses châteaux, situé dans les montagnes du Jura, pour y faire ses couches ; elle trouvait avec raison que l'air plus vif y était plus salubre. Mais l'état de santé de Jean IV l'avait retenue à Lons-le-Saunier, et ce fut dans le vieux château de cette ville (1), l'une des résidences des seigneurs de Châlon, qu'elle mit au monde le 18 mars 1502, un fils qui fut appelé Philibert, du nom de sa mère, nom qu'il devait rendre illustre.

Dès qu'il fut né, l'enfant fut apporté à son père malade et déposé sur son lit : « Pauvre enfant, lui dit celui-ci en l'embrassant, tu es le tard venu ! » (2). Il ne put en dire davantage ; ses yeux se remplirent de larmes. Il pensait que ce rejeton de sa glorieuse race allait être bientôt privé de son père, et craignait que sa mère, jeune encore, ne se remariât, et que son fils ne fût négligé dans la maison d'un étranger. Cette pensée l'occupait tellement, qu'il essaya de se lever pour aller le recommander à sa femme. Mais, faible et ayant à peine un souffle de vie, il ne put y parvenir. Il envoya donc prier Philiberte de se faire transporter près de lui, dès qu'elle le pourrait. La courageuse épouse ne voulut pas diffé-

(1) Présid. Clerc. *Naissance de Phil. de Châlon.*
(2) *Enquête* citée par le Prés. Clerc.

rer, et quoique « sortant à peine de gésine, (1) » elle se fit porter par ses femmes et déposer sur le lit de son mari. Celui-ci la conjura avec larmes de ne pas abandonner son fils et de lui tenir lieu, toute sa vie, de père et de mère. Elle le promit avec serment, et la suite de sa vie devait attester qu'elle fut fidèle à sa promesse. Cette scène, solennelle et touchante, d'un père moribond, recommandant à sa femme, gisante auprès de lui, ce précieux dépôt, se passait au château de Lons-le-Saunier, dans la tour voisine de la galerie qui regardait le soleil levant (2). C'est dans l'hôtel-de-ville actuel, bâti sur l'emplacement du château, à peu près l'endroit occupé par le Musée (3).

Peu de jours après, (le 6 avril), Jean IV de Châlon, ranimé par la joie d'avoir un fils, et n'oubliant pas le devoir que cette naissance lui imposait, trouva assez de forces pour dicter son testament. Il y déclarait Philibert son héritier, léguait 100.000 livres à sa fille Claudapour sa dot, donnait 1200 fr. de rente à sa femme, et lui confiait la tutelle de ses enfants.

Il vécut encore quelques semaines, et, un mois environ après la naissance de son fils, il mourut et fut inhumé dans l'église des Cordeliers de la ville. « Le témoin le sçait, est-il dit dans l'enquête, parce qu'il estoit au lieu de Lons-le-Saunier où mourut Messire Jehan et fut né Messire Philibert. »

Ces documents ne laissent aucun doute sur le lieu de la naissance du jeune prince, ni sur le lieu de la mort de son père. Cependant Gilbert Cousin, le célèbre écrivain de Nozeroy, a dit, et d'autres ont répété après lui, que Philibert de Châlon était originaire de Nozeroy (4). Ce qui a induit en erreur cet auteur, c'est que l'enfant y fut transporté quelques semaines après sa naissance et qu'il y passa les premières années de sa vie.

(1) *Enquête.*

(2) *Testament de Jean IV.* (Arch. du château d'Arlay).

(3) Ce château ruiné dans les guerres du XVIIe siècle fut entièrement démoli au siècle suivant.

(4). *Description de la Haute-Bourgogne.*

Philiberte de Luxembourg n'avait pas oublié cette gracieuse ville, où elle s'était proposé de faire ses couches. Aussitôt que son fils fut né, elle fit envoyer à Nozeroy des lettres pour annoncer l'événement « de la nativité du seigneur Philibert ». La joie publique s'y manifesta par de grandes réjouissances, et « furent faictes processions solemnelles et feux de joie » (1).

Bientôt les fidèles habitants de Nozeroy eurent le bonheur de posséder dans leurs murs leur jeune seigneur. Philibert était, en venant au monde, d'une complexion délicate; sa mère ne voulut pas différer à lui faire respirer l'air des montagnes, plus pur et plus fortifiant. Aussitôt qu'elle eût rendu les derniers devoirs à son défunt mari, elle se mit en route avec son fils pour le Haut Jura, et alla établir sa résidence au château de Nozeroy, restauré au milieu du siècle précédent par Louis II et Guillaume de Châlon, bisaïeul et aïeul de Philibert.

Le lecteur nous permettra, pour mieux lui faire connaître le lieu qu'habita notre jeune prince pendant les sept premières années de sa vie, d'emprunter à Gilbert Cousin quelques passages de la description qu'il nous a laissée de sa ville natale et du superbe château qu'elle renfermait (2). Nous traduisons du latin.

«....... Rien ne peut s'imaginer de plus gracieux que Nozeroy. Placée sur une colline élevée, cette ville est en quelque sorte au centre de la Bourgogne. La colline, formant un plateau dans toute son étendue, s'abaisse vers les vallées qui l'entourent de tous les côtés. La ville n'est pas très grande, mais dans ses bornes étroites elle l'emporte sur de plus vastes cités........ Ses habitants ont la parole caressante, les mœurs douces, une piété sincère envers Dieu; ils sont belliqueux quand il le faut, très fidèles envers leur Seigneur. Ils ne négligent pas l'étude, et une école de belles-lettres y a de tout temps été florissante....»

« Nozeroy est remarquable par la beauté de ses constructions... A l'extrémité de la ville, vers le midi, s'élève le magnifique château, en-

(1) *Enquête. (Déposit. de J. Charolais, de Nozeroy).*
(2) *Descript. de la Haute-Bourgogne.*

fermé dans la même enceinte de murs que la ville. Ce superbe édifice forme un carré de bâtiments en pierres de taille. Il est défendu par huit hautes tours, dont la plus grande, couverte de plomb, a reçu le nom de *tour de plomb* ; les autres sont couvertes de lave, et les toits des bâtiments sont en tuile.»

« L'entrée du château s'ouvre du côté du Nord....... Au milieu des bâtiments se trouve un espace quadrangulaire vide, qu'on appelle la cour intérieure. Aux quatre angles, s'élèvent des tours carrées renfermant des escaliers en limaçon, par lesquelles des salles basses on monte aux chambres et à l'étage supérieur en franchissant cent marches. Au centre de la cour est une citerne alimentée par une source abondante.

«..... A l'extrémité de l'aile située à l'Orient, est la chapelle, où un chœur de musiciens exécute les chants du service divin....«

« Les murs des appartements sont revêtus de tapisseries à personnages, de tissus d'or brodés en couleurs variées, qui représentent des sujets de l'ancien et du nouveau testament. »

« Ce château, à cause de son agréable situation, de la salubrité de l'air, de l'abondance du gibier, a été jusqu'ici la résidence des princes d'Orange. »

En effet, le château d'Arlay, chef-lieu de la baronnie des seigneurs de Châlon, ayant été ruiné et rendu inhabitable dans les guerres du XVe siècle, celui de Nozeroy, qui venait d'être restauré, devint dès lors le séjour favori de ces princes (1).

(1) Ce château de Nozeroy était presqu'en ruines vers 1780. La *tour de plomb* s'était écroulée quelques années auparavant. Il fut lui même entièrement démoli et les pierres furent mises en vente lors de la Révolution ; une tour était restée en partie debout, elle fut renversée par la foudre en 1868.

Le prince Auguste d'Arenberg, propriétaire actuel, a fait dépouiller de leur enveloppe de terre et de décombres les vastes substructions, encore intactes, de ce magnifique château et à la place des fossés qui l'entouraient, a fait ouvrir une promenade publique qui permet d'admirer la masse des fondations mises à découvert. Ce beau travail, inspiré par un respect pieux de l'œuvre des anciens seigneurs, est exécuté avec beaucoup d'intelligence, sous la direction de M. Petetin, géomètre à Nozeroy.

C'est là que Philibert fut établi dès sa naissance, et qu'il fut élevé jusqu'à sa septième année. Grâce à la pureté de l'air, aux effluves bienfaisantes des forêts qui entourent la large vallée appelée le *Val de Mièges*, au milieu de laquelle s'élève la colline sur laquelle est bâti Nozeroy ; grâce aux soins de sa tendre mère, il s'y fortifia et y acquit cette santé robuste, qui le rendit capable de résister aux fatigues de sa vie guerrière.

Élevé avec les enfants du pays, prenant part à leurs jeux et à leurs exercices violents, en même temps qu'il endurcissait son corps, il gagnait l'affection des habitants, heureux de voir leur jeune seigneur, oubliant son rang, se mêler à leurs enfants et en faire ses camarades. Il devint populaire à Nozeroy ; il y fut aimé plus qu'aucun de sa race. De son côté, il conserva pour cette ville un vif attachement, qui l'y rappela toutes les fois qu'il lui fut possible d'écouter la voix de son cœur.

Philibert avait eu à peine le temps de grandir, que, dès ses premières années, il était recherché par d'illustres personnages. Quoiqu'il fût sujet de l'empereur Maximilien, souverain de la Franche-Comté, la reine de France Anne de Bretagne, épouse de Louis XII, désirait vivement l'élever auprès d'elle. Elle était sa tante à la mode de Bretagne, quand en réalité elle n'était que sa cousine, étant la cousine-germaine de son père (1). Elle était aussi la marraine de Clauda, sa sœur, et même la sienne, si l'on en croit un des historiens de Philibert (2). Elle voyait ces deux enfants privés de leur père, qu'elle avait toujours regardé comme un frère, et dont elle avait pu connaître le dévouement à la cause du duc François II dans ses guerres avec Charles VIII. Elle ressentait pour eux une affection toute maternelle.

Elle ne négligea donc rien pour décider Philiberte de Luxembourg à les envoyer en France. Philiberte résistait à ses sollicitations et ne voulait pas se séparer de ses enfants. Anne

(1) Anne était la fille du duc de Bretagne François II, frère de Catherine de Bretagne, femme de Guillaume de Châlon, aïeul de Philibert.

(2) Abry d'Arcier. *Notice mss. sur Phil. de Châlon.*

chercha à vaincre la tendresse de la mère par une faveur dont elle espérait le succès de ses efforts. Elle obtint du roi Louis XII qu'il accorderait la neutralité, ou sauvegarde, aux biens considérables que les Châlon possédaient en Franche-Comté.

Dans des Lettres patentes, données à Blois le 10 novembre 1505 (1), il est dit que le roi, «pour obvier aux pertes et dommages de ses neveu et nièce, le prince d'Orange et sa mère, qui pourroient advenir dans le comté de Bourgogne, leur accorde que toutes leurs villes, seigneuries et chasteaux resteroient dans sa neutralité..... et mande à ses officiers de tenir la neutralité envers eux.» Le roi de France, il est vrai, n'était pas le souverain de la province, mais c'était un précieux avantage que d'être assuré de la protection d'un puissant monarque contre les attaques, de quelque part qu'elles vinssent, auxquelles une veuve sans défense était exposée. Philiberte le comprit, mais elle ne se rendit pas encore.

Enfin quelques années plus tard, son fils sortant déjà de l'enfance (il venait d'accomplir sa septième année), elle céda aux instances d'Anne de Bretagne et consentit à l'envoyer avec sa sœur auprès d'une princesse en qui elle reconnaissait des sentiments de mère pour ses enfants. Leur présence à la cour de France, outre qu'ils pourraient profiter d'une éducation plus soignée, leur promettait d'ailleurs (sa tendresse se le figurait) un brillant avenir. Ils ne devaient pas y manquer d'amis et de protecteurs puissants, elle pouvait aussi se dédommager de leur absence, soit en les visitant fréquemment à Paris, soit en les recevant en Franche-Comté.

Au moment de se séparer de son fils, elle voulut lui donner un sage mentor, sur qui elle put se reposer du soin de son éducation et de la direction de sa conduite. Elle voyait près d'elle un gentilhomme d'un âge mûr en qui elle reconnaissait la prudence, la fermeté et les autres qualités, qui lui donnaient l'assurance que sa confiance ne serait pas trompée. Elle avait aussi pu apprécier son affection et son dévouement envers son fils. Elle remit donc sans crainte ce cher dépôt entre les mains de Claude de Montrichard,

(1) Abry d'Arcier.

gouverneur de Nozeroy, d'une ancienne famille de Franche-Comté. Sous le titre de maître d'hôtel du jeune prince d'Orange, il devait remplir auprès de lui la place d'un mentor et d'un père (1).

Ce fut ainsi qu'en 1509, Philibert âgé de 7 ans, fut envoyé avec Clauda, sa sœur, qui avait quelques années de plus, à la cour du roi Louis XII.

CHAPITRE III.

PHILIBERT A LA COUR DE FRANCE.

Si Anne de Bretagne, en insistant si vivement pour avoir près d'elle ces deux enfants, obéissait à des sentiments d'affection pour des neveux privés de leur père, le roi son époux, en se prêtant aux désirs de la reine et en faisant bon accueil à ces jeunes rejetons, avait d'autres vues.

La Franche-Comté, qui avait autrefois fait partie du duché de Bourgogne dont elle est limitrophe, avait été conquise par Louis XI et réunie à la France. Ce prince, adroit sinon honnête dans sa politique, s'était appliqué à détruire dans sa nouvelle province l'esprit d'indépendance et d'autonomie de la noblesse franc-comtoise, ou du moins à ruiner ses ressources et sa puissance, en démolissant ses châteaux-forts, nombreux dans ce pays et en favorisant la rivalité entre la noblesse d'épée et la noblesse de robe, les affaiblissant ainsi l'une par l'autre. Mais après lui, le caractère exalté et aventureux de son fils et successeur Charles VIII ayant porté ce jeune roi à tourner ses armes contre le royaume de Naples, sur lequel il prétendait des droits, comme héritier de la deuxième maison d'Anjou, dépossédée par les princes d'Aragon, ce prince chercha, au prix même d'importants sacrifices, à s'assurer la liberté d'action en Italie, en faisant des traités de paix avec les rois d'Angleterre

(1) Abry d'Arcier.

et d'Espagne, et avec l'empereur. Il rendit à ce dernier, héritier du dernier duc et comte de Bourgogne, la Franche-Comté, renonçant ainsi à la possession d'une province, dont son père avait tant ambitionné la souveraineté (1493).

Louis XII, successeur de Charles VIII, voyait avec regret cette riche contrée entre des mains étrangères, et ne voulait négliger aucun moyen de s'y rétablir. Trop occupé alors dans ses guerres d'Italie, pour songer à reconquérir la Franche-Comté par les armes, il s'empressait de saisir toutes les occasions de rapprocher les Franc-Comtois de la France. Il comptait beaucoup, et non sans raison, sur l'influence que pouvait exercer sur eux un membre de la puissante maison de Châlon, à laquelle la possession d'un grand nombre de seigneuries importantes dans la province donnait la suprématie réelle sur une grande partie de la Franche-Comté et assurait une suprématie morale sur le reste du pays. Dans cette pensée, rien n'était plus utile à Louis XII que la présence à sa cour des derniers rejetons de cette maison. Il espérait, par les soins qu'on y prendrait de leur éducation, par les bons traitements dont ils y seraient l'objet, par les amitiés qu'ils y contracteraient, par un mariage avantageux pour la sœur, et les dignités conférées au frère, accoutumer ces enfants à se considérer comme français quoique étrangers, et pouvoir se servir d'eux, et surtout de Philibert, lorsqu'il serait parvenu à un âge plus avancé, auprès des Franc-Comtois. Pour arriver à ce but, il n'épargna aucune avance.

Le jeune prince d'Orange était à peine arrivé à Paris, que la reine Anne, qui avait toujours conservé la souveraineté du duché de Bretagne, le nomma, par lettres du 24 septembre 1509, gouverneur de cette province. Était-ce, de la part de cette princesse, donner à son neveu une preuve d'affection, ou bien exécuter une mesure provoquée par la politique de Louis XII ?. Il est permis de croire que le roi ne fut pas étranger à cette faveur. On conférait, il est vrai, une charge purement honorifique à un enfant, mais on lui en donnait les revenus. C'était un moyen de se concilier la reconnaissance de la mère et du fils. Un peu plus tard, le roi accorda au jeune seigneur franc-comtois des lettres de naturalisation (1). Mais, quoique une preuve de la bienveillance, ou plutôt des vues intéressées du monarque, elles ne pouvaient lier celui qui en était l'objet. Car son état de minorité les empêchait d'avoir un effet légal, et Philibert ne pouvait devenir sujet français malgré lui.

Nous n'avons trouvé aucun détail sur son séjour à la cour de France, quant aux prévenances dont il dût être l'objet de la part des souverains, ni aux amitiés qu'il dût y former. Nous devons croire que son éducation n'y fut pas négligée, et qu'il puisa dans cette cour, et auprès de maîtres savants, qui ne manquaient pas alors, le goût des lettres, qui fut plus tard, sa consolation et son délassement.

La reine Anne de Bretagne, tante et protectrice de Philibert, mourut en 1514. Quelques mois après, Louis XII la suivit dans le tombeau. François I, son successeur à la couronne, suivit la même politique à l'égard du prince d'Orange. Un de ses premiers soins fut de négocier le mariage de sa sœur Clauda, avec Henri, comte de Nassau (2). Ce seigneur, originaire d'Allemagne, était à Paris en qualité d'ambassadeur de l'empereur Maximilien. Le roi, en ménageant cette union, espérait rattacher à la France, qu'on se plaisait de regarder comme la patrie d'adoption de Clauda et de Philibert, un grand seigneur allemand, dont les services et l'influence paraissaient ne devoir pas être à mépriser. Le mariage fut célébré à Paris, le 1er septembre 1515, l'année même de l'avénement au trône de François I. Philiberte de Luxembourg assista sans aucun doute au mariage de sa fille.

Elle fit alors une réclamation qui fournit au roi une occasion de lui être agréable. Louis XII avait promis à Jean IV de Châlon, son défunt mari, une somme de 50.000 livres, dont la moitié seulement avait été payée. Le 18 mai 1516, François I donna un mandement pour faire payer à Philiberte de Luxembourg 25.000 livres, afin de parfaire toute la somme, sur les revenus des greniers à sel

(1) La Pise. *Hist de la maison d'Orange.*
(2) La Pise.

de Pouilly et d'Arnay-le-Duc, dans le duché de Bourgogne (1).

Le roi ne s'en tint pas à cette marque d'intérêt pour la maison de Châlon. Ce prince avait rendu en 1516, un édit révoquant et annulant toutes les aliénations faites au détriment de la couronne de France par ses prédécesseurs depuis le règne de Charles VII (2). Dans le nombre était celle qui avait pour objet la principauté d'Orange. Louis XI qui avait possédé la souveraineté de ce domaine, s'en était dessaisi en le rendant à Guillaume de Châlon, aïeul de Philibert. Le parlement de Grenoble, dans la juridiction duquel se trouvait Orange, prit occasion de cet édit de François I, pour faire occuper la principauté au nom du roi. Cette saisie eut lieu au commencement de 1517 (3). Philibert, alors âgé de 15 ans à peine, en conçut du ressentiment et s'en plaignit hautement.

Ce mécontentement fut exploité par les princes de la maison d'Autriche, souveraine de la Franche-Comté. Ils voyaient avec peine un des plus grands seigneurs de cette province accaparé en quelque sorte par la France. Ils cherchèrent à l'en détacher. Nous dirons tout à l'heure quels moyens ils employèrent. François I, informé sans doute des tentatives de ses rivaux, qui n'étaient pas encore ses ennemis, et voyant le mécontentement de Philibert, chercha à l'apaiser par un acte de l'autorité royale qui révoquait la mesure prise par ses officiers. Il donna des Lettres patentes cassant la procédure faite, au préjudice du prince d'Orange, contre sa souveraineté. Le parlement de Grenoble, mécontent de voir son zèle pour les intérêts du roi condamné par le roi lui-même, refusa de les enregistrer et résista même devant des lettres de jussion. C'était, malgré la volonté royale, maintenir la main-mise sur la principauté.

François I, par de nouvelles Lettres-patentes, enjoignit « au gouverneur, à la cour de Parlement, à la Chambre des Comptes de Dauphiné, de laisser jouir le prince d'Orange de sa souveraineté. »....

(1) Arch. de la Loire-Infér. B.
(2) La Pise.
(3) La Pise.

Le Parlement, cédant à moitié, rendit un arrêt, qui accordait au prince les *fruits* et *revenus* de la principauté, sans lui en laisser le domaine, ni la juridiction entière (1).

Le roi, irrité du mauvais vouloir du Parlement, qui avait résisté pendant deux années à ses volontés, et qui n'obéissait à la fin qu'en partie, ordonna formellement, par des Lettres-patentes du 14 juillet 1519, « de faire jouir le prince d'Orange de sa souveraineté dans la principauté, tout ainsi qu'il en jouissait avant la main-mise (2) » Devant cette injonction précise, le Parlement ne crut pas devoir prolonger son opposition, et le prince d'Orange fut réintégré dans la jouissance de ses droits. Il ne les exerça jamais par lui-même, et ne visita même pas sa principauté pendant toute sa vie. Un gouverneur l'administrait en son nom.

Des chicanes, si longtemps prolongées, avaient indisposé Philibert, et malgré la satisfaction, trop tardive, donnée à ses réclamations, il avait conservé un ressentiment que les antagonistes de François I cherchèrent à attiser. Ces antagonistes dont l'un devait être un ennemi, étaient Maximilien, empereur d'Allemagne, et Charles d'Autriche, son petit-fils, alors seulement roi d'Espagne, étant né de Jeanne-la-Folle, fille des rois catholiques, Ferdinand et Isabelle. Parvenu plus tard à la dignité impériale, il porte dans l'histoire le nom de Charles-Quint. La Franche-Comté avait alors pour souveraine Marguerite, archiduchesse d'Autriche, sœur de Maximilien et tante de Charles. Attentive à servir la cause de sa maison, elle ne négligea pas de profiter du ressentiment de Philibert, et chercha, par les dignités qu'elle lui conféra, à le rattacher à son souverain véritable. Ainsi, dès 1517, lors de la saisie de sa principauté d'Orange, par le Parlement du Dauphiné, elle le nomma, d'après un ordre de l'empereur, (3) gouverneur de la Franche-Comté ; elle lui donna ensuite dans la province le com-

1) La Pise.
(2) La Pise.
(3) Abry d'Arcier.

mandement de 50 hommes d'armes et de 100 archers à cheval, et lui assigna une grosse pension.

En même temps, elle faisait tous ses efforts auprès de Philiberte de Luxembourg, dont elle connaissait le pouvoir sur l'esprit de son fils, pour l'engager à attirer celui-ci hors de la cour de France. Philiberte se trouvait dans une position assez embarrassante. D'un côté, elle ne voulait pas mécontenter la France, où elle était née, dans le territoire de laquelle était située la principauté d'Orange, et ne pouvait oublier les attentions et la brillante hospitalité que ses enfants y avaient reçues. D'un autre côté, elle était liée envers Marguerite, sa parente, souveraine de la Franche-Comté, ou étaient situés les vastes domaines de son fils, et l'objet elle-même de la considération, de l'affection et de la confiance de cette princesse, qui lui en avait plusieurs fois donné des marques en la chargeant de présider les États de la province (1). Philiberte penchait de ce côté, mais elle voulait laisser à son fils l'entière liberté de choisir.

Celui-ci était également travaillé par l'empereur et par le roi d'Espagne. Le premier, n'ignorant par les avances du monarque français pour s'attacher Philibert, chargea secrètement Montrichard de sonder et d'influencer au besoin les intentions de son pupille.

Il manda ce gentilhomme près de lui (2), et le pressa dans cette entrevue de décider le prince d'Orange à s'éloigner de la cour de France. Nous ne connaissons pas les entretiens que Montrichard eut à ce sujet avec son jeune maître. Il nous est permis de croire que vrai franc-comtois, il préférait la domination de la maison d'Autriche qui laissait à son pays ses libertés, à celle de la France dont il redoutait les envahissements, et qu'il essaya par tous les moyens de rendre Philibert à sa province et à son souverain d'origine. Ajoutons, que d'une vertu un peu austère, il devait craindre de voir son pupille, arrivé à l'adolescence, s'énerver au milieu d'une cour légère et aussi peu morale que l'était celle de François I.

(1) Abry d'Arcier.
(2) Abry d'Arcier.

Charles d'Autriche, roi d'Espagne, cherchait aussi par tous les moyens à gagner Philibert, propositions; promesses de dignités, protection spéciale accordée à ses domaines de Franche-Comté : tout fut mis en œuvre par ce prince Il lui offrit le collier de l'Ordre de la Toison d'or, malgré sa jeunesse ; car le prince d'Orange n'avait pas encore alors seize ans.

Philibert hésitait entre les deux partis. Il remit à un an l'acceptation de l'Ordre qui lui était offert ; était-ce sentiment de sa trop grande jeunesse, ou incertitude sur le choix qu'il devait faire ? Charles attendit, et une année plus tard, le 12 août 1518, dans une lettre que nous avons eu le bonheur de retrouver (1), il lui disait qu'après avoir laissé passer le délai fixé par lui-même, « il avoit délibéré de lui envoyer le collier de son ordre par son roy d'armes, Thoison d'or, » et qu'il attendait sa réponse. L'empereur Maximilien lui écrivit peu de temps après, qu'il voulait lui remettre lui-même le collier de cet ordre. Malgré ces instances, le prince d'Orange ne dut pas se décider encore à accepter l'honneur qui lui était fait, car l'Ordre ne lui fut conféré que l'année suivante.

Philibert avait reçu ces lettres à son retour d'un voyage en Franche-Comté auprès de sa mère. Le 8 juillet de la même année 1518, il était à Orgelet, petite ville près de Lons-le-Saunier et chef-lieu d'une de ses plus importantes seigneuries. Il y fit sa première entrée, comme seigneur, et confirma les franchises des habitants accordées par son prédécesseur (2). De là il se rendit à Nozeroy, où, dans le courant de septembre, il donna un magnifique tournoi. On ne voit nulle part que, dans ce voyage et dans les suivants, il soit allé à Arlay. Cette ville était cependant le chef-lieu de la plus grande partie de ses domaines ; car Philibert, comme ses prédécesseurs, portait le titre de baron d'Arlay. Mais le château, ruiné au siècle précédent, ne pouvait lui offrir une demeure convenable, et, quoique habitée par un grand nombre de

(1) Arch. du château d'Arlay.
(2) Abry d'Arcier.

familles nobles, cette place avait cessé d'être le séjour des princes de la maison de Châlon. Philibert, dans tout le cours de sa vie, ne visita pas davantage Orange, comme nous l'avons dit, et fut souverain d'une principauté qu'il n'avait jamais vue.

Cependant, François I cherchait à déjouer les efforts de la maison d'Autriche pour attirer Philibert. Il crut qu'un excellent moyen de le fixer en France était de le marier à une princesse française (1). Quelle était cette princesse ? Était-ce une des filles du roi lui-même, quoique bien jeunes encore ? Nous l'ignorons ; mais nous savons que ce projet n'eut pas de suite.

Maximilien, qui veillait de son côté, écrivit, pour mettre obstacle au dessein du monarque français, une lettre datée d'Ausbourg le 4 Septembre 1518, au bailli d'Aval, ou de la partie méridionale de la Franche-Comté. Après lui avoir fait ses recommandations au sujet de Philibert, il ajoutait « qu'il a chargé son ami et féal Claude de Montrichard plus à plain, et qu'il prie le bailli de l'aider dans sa commission et de le seconder dans l'accomplissement de ses instructions (2) ». Il adressa les mêmes injonctions à Messire Boutchoux, secrétaire de Charles, son neveu (3). Celui-ci, en conséquence, dans un mémoire signé de la main du prince, le 2 décembre 1518, déclare que la volonté du roi d'Espagne est qu'on ne presse pas le prince d'Orange d'accepter la Toison d'or, et qu'on lui accorde un délai ; « mais qu'il désire fort qu'il se retire dans son gouvernement de Bourgogne (Franche-Comté), pour veiller à sa sûreté. »

Philibert restait indécis entre les menées de François I pour le fixer auprès de lui, et les efforts de Maximilien et de Charles, appuyés des insinuations de Montrichard, pour l'attirer à eux. Il était dans la situation d'un homme placé en équilibre, et que le moindre choc peut faire pencher à droite ou à gauche ; ce choc lui fut donné.

(1) Abry d'Arcier.
(2) Abry d'Arcier.
(3) Abbé Guillaume, *Hist. de Salins*, II, p. 48 et 61.

En 1519, la cour de France était réunie à Fontainebleau pour les fêtes du baptême du Dauphin. Le prince d'Orange, pour y figurer avec plus d'éclat, avait emprunté, par l'entremise de Claude de Troie, son receveur-général de Bretagne, 1500 livres, pour lesquelles il avait donné en garantie un collier d'or enrichi de diamants, de rubis et de perles (1). Il occupait dans le palais un appartement convenable. L'arrivée inattendue d'un légat du pape, selon les uns (2), de l'ambassadeur de Pologne, selon les autres (3), fit que le roi donna l'ordre de disposer pour le nouveau-venu de l'appartement de Philibert et de reléguer ce jeune seigneur dans un autre logement, qui ne se trouva pas à son gré. Le prince d'Orange, blessé de ce qu'il regardait avec raison comme un manque d'égards, prit sur le champ une détermination violente, dont son âge permet d'excuser la brusquerie. Il quitta la cour de France sans même prendre congé du roi, et se rendit auprès de Charles roi d'Espagne, qui se trouvait alors à Gand, pour lui offrir ses services. La séparation était consommée.

Ce départ subit, qui trompait les espérances de François I, a fait trouver à quelques-uns une ressemblance entre la rupture du prince d'Orange avec la cour de France, et la défection, ou pour mieux dire, la rébellion du Connétable de Bourbon qui eut lieu quelques années après. Cette accusation pèche par la base. Philibert était né sujet de Charles ; il relevait du roi d'Espagne, non-seulement par sa naissance, mais encore par ses possessions en Franche-Comté. Il avait passé, il est vrai, quelques années à la cour de France ; mais un séjour plus ou moins long ne détruisait pas les droits de son souverain légitime ; les attentions dont il y avait été l'objet n'avaient pu faire de lui un Français. Rien de blâmable par conséquent dans la conduite d'un jeune gentilhomme qui se rend où son maître l'appelle.

(1) Arch. du Doubs.
(2) Gollut
(3) La Pise.

Mais le Connétable de Bourbon, de quelque injure qu'il eût eu à se plaindre, ne devait pas oublier qu'il était né sujet du roi de France, et même du sang royal; la haute dignité dont il était revêtu était un lien qui devait le rattacher plus fortement à son pays, et sa défection n'en devenait que plus coupable. Une autre différence importante dans la conduite tenue par ces deux personnages, c'est que Philibert allait rejoindre son prince en pleine paix, et quand rien ne faisait prévoir avec certitude une rupture entre les deux princes, et que le duc de Bourbon trahissait son roi et son pays, lorsque la guerre entre François I et Charles-Quint était le plus acharnée, et qu'en quittant la France, il allait grossir le nombre des ennemis de sa patrie.

Philibert, il est vrai, relevait du roi de France pour sa principauté d'Orange, mais François I, sans attendre que ce jeune prince eût pris les armes contre lui, se hâta de rompre ce lien. Car, à peine Philibert venait-il de quitter sa cour, que, cédant à un ressentiment aussi injuste qu'impolitique, il avait saisi cette principauté, et en avait donné les fruits au maréchal de Châtillon, père du célèbre amiral de Coligny. Même lorsqu'il s'était engagé, par le traité de Madrid, en 1526, à la rendre à son légitime souverain, il n'exécuta pas cet engagement avec plus de fidélité que les autres articles, et ne consentit à restituer entièrement Orange au jeune prince qu'en 1529, en vertu d'une stipulation formelle du traité de Cambray.

CHAPITRE IV.

PHILIBERT A NOZEROY.

Charles accueillit avec joie le prince d'Orange. Il lui conféra enfin la Toison d'Or, et le pourvut d'un commandement dans son armée (1).

De Gand, où Philibert s'était rendu près de son souverain, il vint à Bruxelles. Après quelques semaines de séjour dans cette ville, il obtint la permission d'aller passer quelques mois en Franche-Comté, et il se dirigea vers Nozeroy, qu'habitait sa mère, vers la fin d'octobre 1519 (2).

Les gentilshommes des environs et même de quartiers plus éloignés vinrent lui offrir leurs hommages. Il semblait à cette noblesse, jalouse de son indépendance, que le départ de Philibert de la cour de France l'avait délivrée des craintes d'un assujettissement qu'elle redoutait, et elle avait à cœur de manifester au jeune prince toute la joie qu'on ressentait en Franche-Comté de sa rupture.

Philibert ne voulut pas demeurer en reste de courtoisie avec ces gentilshommes. Outre les festins somptueux, les fêtes splendides, les chasses dans les forêts, qui se répétèrent fréquemment au château de Nozeroy, il résolut de donner un magnifique tournoi, qui fût digne du riche châtelain et de ses hôtes. Ce tournoi fut le dernier qu'ait vu la province. Il surpassa par sa durée, plus d'une semaine entière, le nombre des combattants qui y prirent part, en faits d'armes et en somptuosité, tous les tournois précédents. Nous n'en ferons pas ici une description détaillée. On la trouvera aux pièces justificatives. Il nous suffira de donner une idée de cette solennité, en résumant le récit du chroniqueur contemporain.

Plus de cent gentilshommes, parmi lesquels se trouvaient les plus nobles seigneurs de la Franche-Comté , un véritable corps de troupes, de mille à douze cents soldats, se réunirent à Nozeroy, pour le 24 décembre. Le champ du combat, situé sur une esplanade voisine du château, était fermé par des lices; des tribunes avaient été construites pour les Dames et les Juges de l'*entreprise.* C'était là que devaient prendre place, autour de Philiberte de Luxembourg, l'élite des Dames nobles du voisinage, et les six vieux seigneurs qui formaient l'aréopage du tournoi.

(1) Abry d'Arcier.
(2) La Pise.

Le premier jour fut consacré à la proclamation des hérauts et au défilé des combattants à cheval, revêtus de leurs armures de guerre et portant fièrement leurs bannières. Le lendemain, fête de Noël, fut un jour de repos ; mais les quatre jours suivants furent remplis par les défis, les joutes, tant à la lance qu'à l'épée à deux mains, entre les assaillants et les tenants, qui se renouvelaient pour descendre dans la lice. Philibert qui n'avait pas encore 18 ans, y déploya une vigueur et une bravoure extraordinaires; il sortit vainqueur de ses divers adversaires.

Ces luttes n'étaient qu'un jeu guerrier, mais elles furent presque aussi sérieuses que des combats véritables. Car, outre une quantité d'armes offensives rompues, d'armures défensives enfoncées et brisées, plusieurs des champions furent mis hors de combat par la rudesse des coups, et un certain nombre furent blessés « jusqu'à effusion de sang ».

Après ces jours de combat en champ-clos, mais à ciel ouvert, le tournoi fut transporté dans une *salle basse du château*, dit la chronique. Cette salle basse ne peut être que le vaste sous-sol, long de plus de cent pieds et large de quarante, qui régnait sous l'aile gauche du château, occupée par la chapelle. Dans cette salle bien tapissée et éclairée de nombreuses torches, les joutes recommencèrent. Les combattants étaient armés de toutes pièces, et montaient sur des chevaux *à selle raze*, c'est à dire à selle dégarnie d'appuis pour soutenir le cavalier. Les luttes s'y répétèrent pendant deux jours.

Les jours suivants, le 1er et le 2 janvier 1520, eut lieu une manœuvre militaire étonnante. Ce fut l'attaque et la défense d'un ***Bastillon***, ou petite place forte, construit pour la circonstance dans la vallée qui faisait face au château. Cette place forte était environnée de fossés, et munie d'artillerie. Philibert commandait les défenseurs du *Bastillon*, et le seigneur de Montferrand « accompagné de mil hommes bien armés, menant avec eux de la grosse artillerie, » était à la tête des assiégeants. Cette attaque, pendant les deux jours qu'elle dura, offrit toutes les péripéties d'un siège : sorties de la garnison, artillerie battant en brêche, travaux de tranchées, assauts plusieurs fois répétés, etc.; il n'y manqua pas même des blessés des deux côtés. Enfin, la victoire resta à Philibert et à sa troupe. Les défenseurs furent « joyeusement reçus des Dames, pour ce qu'ils avaient gagné la bataille. »

Le tournoi se termina par une dernière joute dans la salle basse où les plus jeunes gentilshommes, sous les yeux des Dames, s'amusèrent à se renverser de leurs chevaux, à grands coups de lance. Ce n'était plus qu'un divertissement pour clore la fête. Les populations ont conservé le souvenir de ce splendide tournoi. De nos jours encore, plus de trois siècles et demi après, on montre dans la prairie au-dessous du château, la trace bien apparente des fossés et des retranchements du *Bastillon*, défendu par le jeune prince d'Orange avec une habileté et une valeur, qui devaient se développer plus tard sur de plus grands théâtres (1).

Philibert pendant son séjour à Nozeroy, dut prendre avec sa mère tous les arrangements qui concernaient l'administration de ses domaines. Les documents nous manquent à ce sujet. Nous savons seulement, et nous en avons eu souvent la preuve entre les mains (2), que le fils avait dû donner de pleins pouvoirs à sa mère, et que Philiberte de Luxembourg, pendant comme après la minorité de celui-ci, administra ses biens et défendit ses intérêts avec un soin, une vigilance et une fidélité, qui prouvaient de jour en jour à Philibert combien sa mère était digne de sa confiance illimitée.

Mais les affaires se brouillaient entre François I et Charles, et des bruits de guerre entre les deux souverains commençaient à se répandre. Voici quelle fut la cause de cette brouillerie.

L'empereur Maximilien étant mort en janvier 1519, Charles et

(1) Le champ où se donnèrent les passes d'armes a conservé le nom de *Champ du tournoi*.

(2) Arch. du château d'Arlay.

François I briguèrent la couronne impériale. Charles fut élu quelques mois après. Dès lors la moitié de l'Europe : l'Espagne, les Pays-Bas, la Franche-Comté et l'empire d'Allemagne étaient soumis à un seul homme, Charles-Quint. François I, furieux de voir son concurrent préféré, et redoutant ou feignant de redouter l'asservissement de la France, entourée de plusieurs côtés, résolut de faire la guerre à son rival. Il chercha d'abord à se faire un allié du roi d'Angleterre, et dans sa fastueuse entrevue du *Camp du Drap d'Or*, il crut trop légèrement avoir gagné l'amitié de Henri VIII (1520). Il lui manquait un prétexte pour prendre les armes. Robert de la Mark, duc de Bouillon, le lui fournit, en attaquant Charles-Quint pour des griefs particuliers. Le roi de France marcha au secours de son allié, et les hostilités commencèrent. Il est à remarquer que les premières troupes que Charles-Quint envoya contre le duc de Bouillon, étaient commandées par un de ses plus vaillants capitaines, Henri, comte de Nassau, le beau-frère de Philibert, celui que François I avait cru se concilier par le mariage de la sœur du prince d'Orange. Mais, du côté de la sœur, comme de celui du frère, le malheureux monarque ne devait recueillir que des déceptions.

Philibert n'avait pas à balancer sur le parti qu'il devait prendre, il se disposa à aller se mettre à la disposition de l'empereur. Pendant qu'il était en Franche-Comté, dont il était gouverneur, il prit des mesures pour la défense de la province ; et ses équipages étant prêts il se mit en route pour l'Espagne où se trouvait l'Empereur, à la fin de février 1520.

Avant de quitter sa mère il s'était occupé de son sort. Par son testament, écrit au commencement de 1520, outre qu'il confirma la donation faite par son père, il assura à Philiberte de Luxembourg une pension de 4000 livres sur les sauneries de Salins et de 1200 livres sur les terres de Bletterans et de Sellières (1). Il y déclara son héritier, s'il mourait sans enfants, René de Nassau, son neveu, fils de sa sœur Clauda.

(1) Abry d'Arcier.

CHAPITRE V.

PHILIBERT PRÈS DE CHARLES-QUINT.

Philibert d'Espagne se rendit à Bruxelles, trouva le pays très agité. Les armées ennemies avaient commencé leurs opérations dans les Flandres et l'Artois. Nous n'avons pas à en rendre compte ici, nous devons nous borner à raconter les faits auxquels prit part le prince d'Orange.

Il s'empressa de se joindre aux troupes de l'empereur, le rôle qu'il remplit à ses débuts fut peu important. Mais il ne tarda pas à se faire distinguer, voici dans quelle circonstance :

Le roi de France, après une campagne dont les succès avaient été divers, réussit à s'emparer de la ville d'Hesdin, en Artois, au commencement de novembre 1521. Il lui sembla alors que, l'hiver approchant, il pouvait donner du repos à ses troupes en les disséminant dans les places frontières qui étaient en son pouvoir ; lui-même se retira à Amiens. Charles-Quint, voyant que les Français ne tenaient plus la campagne, profita de l'éloignement des ennemis pour se rendre maître de Tournay ; cette ville était au pouvoir de la France.

Depuis plusieurs mois, elle était assiégée par un corps d'armée sous les ordres du seigneur de Fiennes. Philibert, officier dans cette armée, s'y fit bientôt connaître par une valeur et une prudence au-dessus de son âge. Son chef l'avait remarqué et lui avait confié plusieurs fois le commandement d'entreprises importantes, soit contre les sorties des assiégés, soit contre les places des environs qui auraient pu venir au secours de Tournay. Le siège se prolongeait. L'empereur, pour en finir, y envoya l'armée du comte de Nassau ; elle arriva à marches forcées devant la ville. Philibert se réjouissait de pouvoir se battre à côté de son beau-frère. Mais, après quelques escarmouches, les habitants, redoutant, à la vue de ce renfort des assiégeants, une issue fatale pour eux, réduits à un petit nombre de défenseurs et à une grande disette de munitions et de vivres, « ne sçachant plus de quel bois faire flesche « (1), se décidèrent, après une longue et honorable résistance, à remettre la ville et le château à Charles-Quint, moyennant la garantie de leurs biens et de leurs personnes. La capitulation fut signée le 30 novembre, et quinze jours après, le comte de Nassau, ayant à ses côtés le prince d'Orange, distinction que celui-ci devait plus à ses brillants services qu'à sa parenté avec le général, faisait son entrée à Tournay, et en prenait possession au nom de l'empereur.

Ce prince, pour récompenser le jeune et vaillant officier, et le dédommager de la perte de la principauté d'Orange que François I avait saisie, lui donna le comté de St-Pol en Artois (2). Quoique les historiens ne lui donnent nulle part le titre de comte de St-Pol, nous ne pouvons mettre en doute qu'il n'ait reçu la souveraineté de ce comté. Car, dans une supplique présentée à la gouvernante des Pays-Bas par Philiberte de Luxembourg, celle-ci se plaint que son fils n'ait pu jouir « du comté de St-Pol et autres terres » (3). Le prince d'Orange devait bientôt, du reste, s'éloigner de ces contrées pour n'y jamais revenir.

L'empereur avait été frappé des qualités militaires de sa jeune recrue, qui lui étaient attestées par ses actes durant le siège et par les témoignages flatteurs de ses chefs ; il résolut de les utiliser sur un autre théâtre.

En ce moment, Fontarabie, ville forte d'Espagne, voisine de la France, dont elle n'est séparée que par la rivière de la Bidassoa, limite sur ce point des deux royaumes, venait d'être prise par l'amiral Bonnivet. Charles-Quint n'avait rien tant à cœur que de la recouvrer. Il se rendit par mer en Espagne, emmenant avec lui Philibert. Ils débarquèrent à la Corogne en juillet 1522. Le monarque espagnol s'occupa activement de lever une armée, qu'il destinait à opérer contre la France. Le 17 août suivant, le prince

(1) L. Brezin.
(2) Hist. du comté de Bourgogne. T. II.
(3) Arch. du château d'Arlay.

d'Orange écrivait de Valladolid à sa mère que « l'empereur faysait une grosse armée, pour entrer en France et qu'il luy a donné charge de dix-mille hommes de pié espagnols (1). » En effet, il venait d'être mis à la tête d'un corps d'infanterie de 10.000 hommes que Charles-Quint envoya sous les murs de Fontarabie, afin de reprendre cette ville aux Français.

Ce fut sans doute alors que Philiberte de Luxembourg, dans sa sollicitude maternelle, voulut mettre auprès de son fils un vaillant et sage gentilhomme, qui pût l'assister de ses conseils et de son bras. Elle lui envoya, en qualité de grand-écuyer, Pierre de Barnaud d'une noble et ancienne famille d'Arlay (2), lequel resta près de son jeune maître jusqu'à ce que la mort vint le frapper.

L'armée envoyée par Charles-Quint contre la France, avait pour premier objectif la prise de Fontarabie. Elle se composait des 10.000 fantassins de Philibert, d'une cavalerie peu nombreuse, de quelque artillerie et de mille lansquenets allemands sous le commandement en chef du connétable de Castille. Elle se dirigea vers Fontarabie vers la fin d'août, tant l'empereur avait envie de la reprendre, ce qu'il espérait obtenir sans beaucoup de peine.

Cette ville, adossée vers le sud à des montagnes, bornée à l'ouest par la mer, n'est guère abordable que par l'est, car du côté du nord, elle a pour défense naturelle la rivière de la Bidassoa, qui va près de là se jeter dans l'Océan. Une partie de l'armée espagnole sous le commandement du prince d'Orange investit la place du côté de l'est, pendant que l'autre partie traversa la rivière pour prendre position sur le territoire français. Le connétable qui s'était rendu compte des difficultés de l'entreprise, avait résolu de bloquer la ville et pour empêcher l'arrivée des secours du côté de la France, il occupa Andaye, village situé en face de Fontarabie. De là, il

(1) Lettre de Philibert.

(2) Les restes de l'une des tours du vieux château d'Arlay, aujourd'hui en ruines, conservent encore le nom de *Tour Barnaud*, du nom de la famille qui en avait la garde.

battit le pays aux environs, s'empara de St-Jean de Luz, essaya même un coup de main contre Bayonne, mais sans succès.

La ville assiégée avait pour gouverneur un des plus braves généraux de l'armée française, Jacques de Daillon, comte du Lude. Malheureusement, la garnison était peu nombreuse et diminuait de jour en jour par les pertes qu'elle faisait dans les sorties, vigoureusement repoussées par Philibert. Après quelques mois de siège la disette et la maladie, qui en est la suite, avaient réduit aux abois les défenseurs et les habitants. En vain, avait-on essayé de ravitailler la place par mer. Des croiseurs, armés dans les ports espagnols du Passage et de St-Sébastien, empêchaient les barques de vivres de s'approcher. Plusieurs avaient été prises et coulées. Un convoi qu'on avait tenté d'introduire par terre avait eu le même sort. Tout annonçait que la place ne tiendrait pas longtemps. Elle allait être forcée de se rendre, si un secours, sur lequel on ne comptait plus, ne fût enfin arrivé.

Dès que François I avait été informé du siège de Fontarabie, il avait rassemblé des troupes dont il donna le commandement au maréchal de Châtillon. Ces troupes s'acheminèrent en hâte vers l'Espagne. Mais elles durent s'arrêter à Dax ou leur chef tomba malade et mourut. Le roi envoya pour le remplacer Jacques de Chabannes, maréchal de la Palisse. Celui-ci, dès qu'il eût rejoint son armée à Dax, n'eut rien de plus pressé que de se diriger vers Fontarabie. Il arriva bientôt près d'Andaye. Les Espagnols campés dans cet endroit, craignant d'être acculés à la rivière et à la mer par les troupes françaises, avaient abandonné la rive droite et s'étaient joints aux leurs qui bloquaient la ville par terre. Chabannes, trouvant le terrain libre, s'établit sur l'emplacement occupé auparavant par les espagnols. Il borda la rivière de son canon, fondroya les ennemis campés sur l'autre rive. Ceux-ci cherchèrent un abri dans les replis du terrain. Philibert alors conseilla de faire passer la rivière plus en amont par un corps de troupe et de tourner les Français en les enveloppant entre deux feux. Son avis ne fut pas suivi. Quelle autorité en effet pouvait avoir l'opinion d'un jeune homme de 20 ans ? Mais les Espagnols ne tardèrent pas à se repentir de l'avoir écouté.

On était arrivé à l'année 1523. Chabannes voyant le succès de son artillerie, résolut de tenter un coup hardi. Dans une époque de grande marée, lorsque la mer, à son reflux, descend beaucoup il avait remarqué que les eaux de la rivière devenues plus basses permettaient de la passer à gué. Par une nuit noire, pendant que les Espagnols dormaient en sécurité, l'intrépide maréchal entre dans l'eau à la tête de ses troupes, et tombe sur les assiégeants avec tant d'impétuosité, que Espagnols et Allemands se débandent et, malgré les efforts de leurs chefs, s'enfuient dans les montagnes. Philibert essaye en vain de rallier ses soldats, il est entraîné par les fuyards. Chabannes, ne trouvant plus d'adversaires, entra librement dans la ville, qui demeura au pouvoir des Français.

L'empereur ayant échoué dans l'entreprise qu'il avait à cœur, voulut se venger de son insuccès en ravageant le pays ennemi le plus voisin des frontières de l'Espagne. Il rassembla de nouvelles forces dont il donna le commandement aux mêmes chefs, et les envoya sur le territoire français.

La partie occidentale de la contrée qui borde le versant septentrional des Pyrénées, limite naturelle des deux royaumes, était divisée en trois cantons, le Labourt, la Basse-Navarre et la Soule, formant le pays basque. Ces cantons avaient pour chef-lieu Bayonne St-Palais et Mauléon. On évita de s'attarder au siége de Bayonne, trop difficile à prendre, mais le reste du pays fut envahi par les troupes placées sous le commandement du prince d'Orange. Les villages et les bourgs tombèrent successivement en son pouvoir, les villes de St-Palais et de Mauléon furent occupées ; il poussa même jusqu'à Sauveterre, petite ville du Béarn, limitrophe de la Basse-Navarre et s'en empara.

L'année 1523 se passa presque entière à ces opérations. Pendant ce temps, le connétable de Castille, après avoir soumis le pays entre Bayonne et l'Espagne, se préparait à l'aide des secours envoyés par l'empereur, à mettre de nouveau le siége devant Fontarabie. Il rappela Philibert, et celui-ci lui amena ses troupes au commencement de janvier 1524.

L'expérience de la dernière campagne, qui avait échoué, contre cette ville, détermina le connétable à brusquer l'attaque, au lieu de se contenter d'un blocus, qui pouvait se prolonger et laisser aux Français le temps de venir au secours de la place. Après avoir occupé la rive droite de la Bidassoa, pour empêcher les communications avec Bayonne, on transporta du canon dans les montagnes qui dominaient la ville, et les troupes furent postées de manière à fermer tout accès. Malgré la hâte qu'on apporta à ces dispositions, les mauvais temps de la saison ne permirent pas de les achever avant la fin du mois. Le premier février, tout était prêt. Philibert avait été chargé de donner l'assaut avec l'élite de ses fantassins; il n'attendait plus que les derniers ordres, lorsque, contre toute attente, la ville ne voulut pas s'exposer aux angoisses d'un second siège, ni aux horreurs d'un assaut, et, n'espérant pas de secours, elle se rendit et ouvrit ses portes aux troupes espagnoles.

Fontarabie était dès lors enlevée à la France. Philibert qui s'était multiplié pendant les opérations préliminaires du siège, et qui avait si glorieusement contribué à l'heureux succès de l'entreprise, et qui y avait même reçu une légère blessure, n'ayant plus rien qui le retînt, se rendit auprès de l'Empereur, qui se trouvait encore en Espagne.

CHAPITRE VI.

PHILIBERT EST FAIT PRISONNIER.

Pendant que le prince d'Orange servait son maître avec bravoure et fidélité, la France, déjà éprouvée par les succès des armées espagnoles, perdait l'un de ses plus nobles soldats, le connétable duc de Bourbon. Exaspéré par des procédés injustes et blessants, Bourbon obéissant à un désir coupable de vengeance, était allé se joindre aux ennemis de son pays, dans un temps où la France avait contre elle l'empereur, le roi d'Angleterre et les principaux Etats d'Italie.

Charles-Quint s'empressa d'accueillir le connétable, et lui donna le commandement de son armée d'Italie. Il lui promit, en outre, pour récompenser sa trahison la main de sa sœur Eléonore, veuve du roi de Portugal, qui devait plus tard épouser François I. Le connétable, devenu ennemi de la France, obtint d'heureux succès dès le début de ses hostilités. Il remporta sur Bonnyvet, naguère son compagnon d'armes et aujourd'hui son adversaire, la bataille de Rebec, où le valeureux chevalier Bayard fut tué. Delà, il vint envahir la Provence et mit le siège devant Marseille (août 1524). Cette ville vaillamment défendue, résista à ses attaques ; et, après 40 jours de siège, Bourbon fut obligé de se retirer honteusement.

Philibert, voyant que le théâtre de la guerre était principalement en Italie ne voulut pas s'attarder en Espagne. Il obtint de Charles-Quint la permission d'aller rejoindre son armée. Comme il ne pouvait se rendre en Italie que par mer, il s'embarqua à Barcelone en juin 1524. Il comptait trouver en chemin la flotte impériale, commandée par Hugues de Montcade, vice-roi de Naples, qu'on supposait croiser dans les environs du golfe de Gênes, et, d'après les informations qu'il recevrait se diriger sur un point de la côte.

La traversée fut heureuse dans cette belle saison. Dans les premiers jours de juillet, on aperçut, à la hauteur de Nice, un grand nombre de voiles. Philibert ne douta pas que ce fût la flotte impériale et se dirigea dessus en toute sécurité. Mais au moment où son vaisseau arrivait au milieu de ceux qu'il croyait les siens, il fut enveloppé et abordé. Il reconnut alors, mais trop tard, qu'il était tombé entre les mains des Français, dont la flotte combinée avec celle de l'amiral génois, André Doria, tenait la mer, en vue des galères de l'empereur, qui n'étaient qu'à une petite distance. Toute résistance était inutile. Philibert fut fait prisonnier avec son équipage.

Le prince d'Orange fut conduit à Villefranche, près de Nice, jusqu'à ce que le roi décidât de son sort. Il écrivit de là à sa mère le 5 juillet, une lettre qui nous a été conservée, pour lui rendre compte de sa mésaventure. Il la rassure sur sa position, et lui annonce qu'il est bien traité. Mais il lui recommande le *pourchas de son deslivrement*. Philiberte n'avait pas besoin des recommandations de son fils pour venir à son aide. Elle se hâta d'abord de donner des ordres, afin de faire lever sur tous les sujets de ses domaines la taille de six livres par feu, exigée par le droit féodal pour la rançon du seigneur. Ell s'adressa ensuite au roi François I lui-même, et fit appuyer sa supplique auprès de lui, pour obtenir la mise en liberté du prince d'Orange, en offrant de payer une rançon. Le monarque, toujours irrité contre Philibert de ce qu'il avait abandonné son parti, écouta plutôt son ressentiment que la voie de la générosité. Il refusa d'accorder la délivrance de celui qu'il appelait un traitre, bien à tort, puisque le jeune seigneur, né sujet de l'empereur, n'avait fait, en le quittant, qu'un acte de soumission envers son souverain légitime.

La captivité de Philibert fut un évènement douloureux pour la Franche-Comté tout entière, et en particulier pour Nozeroy. Des prières publiques furent ordonnées, des processions furent faites pour obtenir au ciel sa délivrance. Les ligues suisses elles-mêmes intercédèrent en sa faveur auprès de François I. Le roi demeura inflexible.

Il eut été plus généreux sans doute et même plus politique de traiter Philibert comme un prisonnier ordinaire, d'écouter les prières de sa mère, d'accepter sa rançon, de montrer plus de mansuétude. Cette conduite aurait concilié au roi de France les esprits d'une province sur laquelle il conservait des vues. Mais François I n'écouta rien : il fit enfermer le jeune prince dans la grosse tour de Bourges (1), d'où il fut ensuite transféré au château de Lusignan en Poitou; sa captivité devait durer plus de 20 mois

(1) René, bâtard de Savoye, avança quatre livres pour la dépense de Philibert dans la prison de Bourges durant les 1ers mois. (Reg. du Parlement de Paris.)

car, fait prisonnier au commencement de 1524, il ne devint libre qu'en février ou mars 1526.

Durant ce long loisir, il chercha des consolations dans les lettres. Lorsqu'il s'était rendu auprès de son souverain, il avait pris pour secrétaire, Pierre Montanet, sieur du Nant, de Nozeroy, qui était archer dans la garde du prince. C'était un brave soldat, et aussi un savant dans lequel Philibert trouvait un guide instruit et judicieux. Il fut enfermé avec lui et aida puissamment à développer le goût de son jeune maître pour les lettres.

Ce fut dans sa prison, avec la collaboration de ce guerrier lettré, que le prince d'Orange trompa les ennuis de sa réclusion, en composant l'*Histoire des grands capitaines* de son temps, histoire qu'il compléta plus tard. Malheureusement, elle resta manuscrite, et elle est perdue pour nous.

Nous ne savons sur cet ouvrage que ce que nous lisons dans une courte notice sur Philibert de Châlon (1). « Une copie manuscrite de cette histoire, dit cette notice, se trouvait dans les archives de Montrichard au château de Frontenay. Il n'y a guère que des Italiens et des Espagnols moins Lautrec, qu'il élève au-dessus des capitaines français. Il ne parle de François I que comme d'un soldat ayant les vices du peuple. L'amiral Doria, malgré ses grands talents, ne lui paraît qu'un corsaire, qui faisait la guerre par avarice. »

Il nous semble que ces jugements sur ces deux personnages, quoique exprimés avec rudesse, ne sont pas contredits dans l'histoire. Ce qu'il pense de Lautrec, en le placant au-dessus de ses compatriotes, fait juger de la noblesse de son âme, quand il loue un ennemi, même un ennemi malheureux. On a dit peut-être avec vraisemblance, que Brantôme avait connu ce livre, et qu'il lui aurait fait des emprunts pour ses *vies des grands capitaines*.

(1) Abry d'Arcier.

Le sieur du Nant, de son côté, avait achevé durant sa captivité, un ouvrage que, bien qu'il ait été imprimé (1), nous avons cherché vainement dans nos bibliothèques publiques. Il a pour titre : *Politique des princes d'Allemagne*. Il serait curieux de savoir comment le savant Franc-Comtois jugeait la politique de Charles-Quint et de ses prédécesseurs.

Philibert, dans sa prison, eut la douleur d'apprendre la mort de Clauda, son unique sœur, femme du comte Henri de Nassau; elle mourut à 30 ans (1525), ne laissant qu'un fils, René de Nassau, lequel devait être l'héritier des grands biens de son oncle.

Pendant que le prince d'Orange voyait se prolonger la durée de son emprisonnement, grâce au ressentiment de François I, ce prince lui-même était fait prisonnier dans la malheureuse bataille de Pavie, le 25 février 1525, et transféré à Madrid. Il ne dut, au bout d'une année, sa liberté qu'aux concessions faites à Charles-Quint. Un des articles du traité de Madrid (2), stipulait en termes formels la délivrance de Philibert de Châlon, prince d'Orange, et sa réintégration dans sa principauté d'Orange et ses seigneuries de Dauphiné et de Bretagne.

Il réservait tous les droits de Philibert, notamment sur une somme de 50.000 écus, inutilement réclamée par lui depuis plusieurs années. Cette somme lui était due, outre celle qui avait été promise à son père, en vertu d'engagements pris par le roi Louis XII et la reine Anne de Bretagne. L'article ne parle pas des biens de Franche-Comté, qui situés en pays étranger, n'avaient pu être saisis.

D'après les termes du traité, Philibert fut immédiatement mis en liberté (février ou mars 1526). Mais sa souveraineté sur la principauté d'Orange continua à lui être disputée par le parlement de Grenoble, qui s'obstina à maintenir, peut-être sans trop déplaire à François I, la confiscation de 1519.

Philiberte de Luxembourg, quoique son fils eût été mis en liberté

(1) Il fut publié à Bruxelles en 1532 et en 1540.

(2) C'était l'art. XXXII.

gratuitement, n'en continua pas moins à lever le droit d'aide imposé dans ses domaines pour sa rançon. La somme qu'elle recueillit en Franche-Comté s'éleva à 6.000 écus d'or (1).

En sortant de prison, Philibert s'empressa d'aller rejoindre sa mère à Nozeroy. Il dut passer auprès d'elle tout le mois de mars de 1526, car nous avons trouvé plusieurs actes donnés dans cette ville et portant sa signature, datés des différents jours de ce mois (2). Mais l'empereur ne le laissa pas longtemps en repos. Il lui envoya l'ordre d'aller prendre en son nom possession du duché de Bourgogne, qui avait été cédé à Charles-Quint par le traité de Madrid, et d'y exercer les fonctions de gouverneur (3).

Philibert se mit en route pour Dijon avec 600 hommes, plutôt comme escorte d'honneur que comme force armée. Mais en chemin, il apprit que le roi de France refusait, en ce qui concernait le duché de Bourgogne, d'exécuter le traité de Madrid, s'appuyant sur un acte du parlement de Paris et sur une délibération des députés de la Province, qui s'opposaient à un démembrement du royaume. François I déclarait que l'engagement d'un prisonnier n'était pas libre, et que par conséquent il était nul de plein droit. Il refusait donc de rendre le duché. Philibert avec sa petite troupe ne pouvait songer à s'en emparer par la force; il dut se retirer, sans même aller jusqu'à Dijon, et revint à Nozeroy.

CHAPITRE VII.

PHILIBERT EN ALLEMAGNE ET EN ITALIE.

Philibert n'était pas d'humeur à demeurer dans l'inaction. Il songeait à regagner par terre l'Italie, où le connétable de Bour-

(1) Abry d'Arcier.
(2) Arch. du château d'Arlay.
(3) La Pise.

bon faisait la guerre dans le Milanais, lorsqu'il reçut une commission de l'empereur pour aller en Allemagne lever des troupes afin de renforcer son armée (1). Il s'y rendit de Nozeroy le 6 novembre 1526 (2), et s'employa activement à accomplir sa mission.

Aussitôt après la délivrance de François I, plusieurs Etats souverains, jaloux de la puissance de Charles-Quint, avaient formé une ligue contre lui. Cette ligue comptait Ludovic Sforza, duc de Milan, la république de Venise, le pape Clément VII, la Suisse. Le roi de France y avait adhéré secrètement, et Henri VIII, roi d'Angleterre, en avait été déclaré le protecteur. Elle avait pour objet de chasser l'empereur du duché de Milan et du royaume de Naples, et de faire rendre à François I ses enfants que Charles-Quint avait pris pour otages. Ce prince n'avait dès lors à compter que sur ses propres forces. L'Italie étant presque entière armée contre lui, il lui fallait envoyer d'importants renforts au duc de Bourbon. Philibert, en Allemagne, s'occupa de répondre à la confiance de son souverain, et 14.000 lansquenets rassemblés par ses soins en moins d'un mois prouvèrent à Charles-Quint qu'il avait eu raison de compter sur la diligence et l'habileté du prince d'Orange.

Cette mission, en effet, demandait un homme actif autant qu'adroit. Les lansquenets ou *landsknets*, étaient l'infanterie primitive de l'Allemagne. D'institution assez récente, car on n'en parle que dans les armées de la fin du XVe siècle, ces troupes se recrutaient par des engagements volontaires; elles choisissaient elles-mêmes leurs officiers, et quoique placées sous les ordres de cur commandant en chef et de leurs officiers supérieurs, gardaient une sorte d'indépendance qui se manifestait trop souvent par leur indiscipline et leur licence. Braves du reste dans l'occasion, de cette bravoure qui n'exclut pas l'insoumission et l'amour du pillage, les lansquenets étaient une force dans les armées et commençaient à contre-balancer l'importance des hommes d'armes à cheval des siècles antérieurs.

(1) Abry d'Arcier.

(2) Arch. du Doubs. E. 1289.

Quand Philibert eût formé, non sans peine, un corps de 14.000 de ces hommes, il se hâta de les faire partir pour l'Italie. Lui-même, impatient de s'y rendre, et ne voulant pas endurer les lenteurs de la marche d'un corps d'armée, il se mit en route par le chemin le plus court, avec trois fidèles compagnons, les sieurs de Barnaud, son grand écuyer, du Nant, son secrétaire, et Jean de Visemal, son écuyer. Les quatre voyageurs devaient passer par Venise. Mais cette république, on l'a vu, était entrée dans la ligue contre l'empereur, et, s'ils eussent été reconnus, ils n'auraient pas manqué d'être arrêtés. Ils se firent donc passer pour des marchands voyageant pour leur commerce, et grâce à ce déguisement, ils ne furent pas inquiétés (1).

Philibert toutefois, si c'est à lui, comme cela nous paraît probable, qu'il faut rapporter une note extraite d'une correspondance d'ambassadeur ou d'envoyé de France à Venise, Philibert aurait fait secrètement, à son passage dans cette ville. une démarche qui aurait mérité d'être bien accueillie de François I.

Cette note, que nous avons découverte dans les manuscrits de la bibliothèque nationale, est une sorte de problème, elle n'est ni datée, ni signée. C'est le déchiffrement, croyons-nous, d'un passage d'une lettre plus longue, qui nous est restée inconnue. Mais, nous le répétons, les détails qu'elle renferme nous paraissent concerner le prince d'Orange. Nous allons donner ici cette note *in extenso*, afin que le lecteur puisse former son opinion.

« Messire Philibert, naturel (sans doute des domaines de l'empereur), lequel je vous avoys escript estoit allé à Venise, avoit parlé à moy avant son partement, monstrant fort désirer bonne paix et amour entre le roy et son maistre, et pour ce qu'il ne me vit point à son partement, dist à Monsieur de Trignier (?) qu'il se recommandoit à moy, et qu'il estoit fort desplaisant qu'il n'avoit pu parler à moy, mais qu'il me dist qu'il seroit bon que le roy escripvist à Monsieur l'Archiduc (c'est sous ce titre que François I et son entourage désignaient parfois Charles-Quint) ; que

(1) Abry d'Arcier.

si d'aventure Messire Philibert alloit devers luy, que, ayant quelque charge, M. l'Archiduc envoyast le dict messire Philibert devers le roy, et que le roy cognoistrait qu'il désiroit luy faire service (1) ».

Quoiqu'il en soit, cette note émanée peut-être d'un personnage que Philibert avait connu à la cour de France, et à qui il avait cru pouvoir confier son désir de séparer François I de la ligue, prouverait que si son devoir le forçait à être l'ennemi de ce monarque, sa générosité lui inspirait une démarche qui, si elle eût réussi, lui aurait permis de cesser de l'être.

Nous ignorons si le roi de France eut connaissance de ces ouvertures ; mais nous savons que, mécontent de voir Philibert se joindre aux adversaires de sa domination en Italie, il s'en vengea en lui enlevant de nouveau sa principauté d'Orange (2). Elle était comme on l'a vu, quoique restituée à son maitre par un article spécial du traité de Madrid, demeurée par le fait entre les mains du roi de France par le mauvais vouloir du Parlement de Grenoble.

Toutefois, Philibert y avait envoyé un gouverneur pour exercer la souveraineté en son nom. Tant que la possession de la principauté ne lui fut pas ostensiblement contestée, ce gouverneur n'y avait aucune autorité, il est vrai, mais il y était souffert et y occupait son poste. Cette nouvelle usurpation le força d'en partir. Il reçut en compensation de Philiberte de Luxembourg la seigneurie de Rennes près de Salins, en Franche-Comté (3).

Cependant le duc de Bourbon continuait ses hostilités dans le Milanais. Il avait pris Milan, dont il avait chassé Ludovic Sforce et avait occupé l'une après l'autre les principales places de la province, sans rencontrer d'opposition sérieuse. Les Vénitiens, commandés par le duc d'Urbin, soit mollesse, soit perfidie, lui laissaient le champ libre, lorsque, supérieurs en force, ils auraient pu le chasser de l'Italie.

(1) Bibliot. nation. mss.— F. franc. 2933, fol. 70.
(2) Abry d'Arcier.
(3) Aujourd'hui, départ. du Doubs, cant. de Quingey.

Ce fut dans Milan que Philibert rejoignit le connétable (le 1er décembre 1526). Celui-ci, tout victorieux qu'il était, se trouvait dans un grave embarras. Il manquait d'argent, et son armée, qu'il n'avait pu payer, s'était mutinée ; il était parvenu à grand' peine à l'apaiser, en lui distribuant le produit de son argenterie (1). Mais l'arrivée des lansquenets venus d'Allemagne, réclamant en vain les sommes qui leur avaient été promises, amena une nouvelle mutinerie parmi ses troupes.

Il prend vite un parti. Le pape était entré dans la ligue contre l'empereur, les richesses entassées dans Rome étaient propres à payer et enrichir ses soldats. Il n'hésite pas ; il fait miroiter à leurs yeux les trésors de la ville éternelle, les apaise et les entraîne vers Rome. Les qualités bien connues de Philibert, l'influence qu'il avait sur les troupes levées par ses soins, le désignaient au choix du général. Bourbon le nomme son lieutenant, et lui donna la direction de l'avant-garde et le commandement des chevau-légers et des hommes d'armes (2). Le 30 mars 1527, l'armée impériale se mit en marche.

CHAPITRE VIII.

—

PHILIBERT A ROME.

Nous arrivons à l'époque de la vie de Philibert de Châlon, où nous allons le voir déployer, comme chef d'armée, une intrépidité et une science de la guerre qui le font l'égal des grands capitaines de son temps, mais surtout une prudence et une habileté qui étonnent dans un général aussi jeune. Car il n'avait que 25 ans, lorsque, sur les pas du connétable, il se mit en marche pour Rome. L'empereur avait-il ordonné cette expédition? Nous l'igno-

(1) Abry d'Arcier.

(2) Mignet. — *Rivalité entre François I et Charles-Quint.* — Arch. du Doubs. E. 1289.

rons; mais il nous est permis de croire qu'il ne la désapprouva pas, tout en laissant supposer qu'il y était étranger.

Le duc de Bourbon se dirigea à marches forcées et par le chemin le plus court vers la capitale du monde chrétien (1). Pour faire plus de diligence, il laissa à Sienne sa grosse artillerie. A mesure qu'il avançait, il avait à souffrir de plus en plus de la disette. Car les Italiens avaient emporté ou détruit tous les vivres sur son passage. Mais si, pendant dix ou douze jours, l'armée ne trouva pas de pain à manger, elle rencontra dans le pays plat de nombreux bestiaux, de sorte qu'elle put se nourrir de viande.

Aussitôt que le connétable fut arrivé devant Rome (le dimanche 5 mai 1527), il envoya au pape un trompette, porteur d'une lettre. Il y manifestait un vif désir d'une bonne paix entre sa Sainteté et l'empereur. Comme vrai fils de l'église, il regretterait fort qu'elle ne fût pas acceptée; il priait le pape d'en fixer lui-même les conditions. Mais, pour payer son armée, il demandait 150.000 ducats, pour lesquels il promettait d'attendre huit ou quinze jours.

Il ajoutait toutefois qu'il ne répondait pas des suites d'un refus, s'il lui fallait entrer dans Rome par force. Malgré cette menace, et peut-être même à cause de cette menace, Clément VII ne voulut rien entendre. Il comptait sur la force des murailles, et sur les secours qui ne se feraient pas attendre de la part de ses alliés. Devant ce refus, Bourbon se résolut à brusquer l'attaque, et à donner l'assaut le lendemain même, 6 mai.

Dès le matin, après avoir « ouï la Messe de grande dévotion (1)», il s'approcha des murs. Dès la veille, il avait fait abattre des maisons du voisinage, dont le bois avait été employé pendant

(1) La plupart des détails qu'on va lire sur l'expédition de Rome, sont tirés d'un mémoire apporté par le jeune de Montrichard dans les Pays-Bas. Nous n'en connaissons pas l'auteur; mais ce fut certainement un témoin oculaire. Nous possédons une des copies contemporaines qui furent alors distribuées.

(1) Mémoire.

la nuit à faire des échelles. Il les fit dresser contre les murailles, et entraîna ses troupes à l'assaut par son exemple et ses paroles. Mais, au moment où il levait le pied pour monter à une échelle, il fut frappé d'une balle d'arquebuse dans la région gauche du bas-ventre, et eut la colonne vertébrale brisée. Il tomba en s'écriant : « Ha, Notre-Dame, je suis mort ! » Le prince d'Orange, qui était près de lui, s'efforça de cacher cet accident. Il le fit couvrir d'un manteau et transporter expirant dans une maison voisine, où, à peine arrivé, il rendit le dernier soupir (1).

Philibert, à qui cette mort laissait le commandement de l'armée, anime ses soldats en s'écriant : « Ce n'est rien, c'est une légère blessure. Vengeons-le ! En avant ! » Et il s'élance sur une échelle. Ses soldats, électrisés par son intrépidité, se précipitent sur ses pas, escaladant les murs à son exemple, et bientôt, malgré les arquebuses et l'artillerie des défenseurs, envahissent les retranchements l'épée à la main, et tuant ou mettant en fuite tous ceux qu'ils ont devant eux, sont en un instant maîtres du faubourg de St-Pierre, situé sur la rive droite du Tibre.

Le prince d'Orange, croyant trouver le pape dans son palais, se dirigea de ce côté, dans l'espérance de pouvoir traiter avec lui. Mais il apprit qu'il s'était enfermé, avec plusieurs cardinaux, dans le château St-Ange, défendu par une bonne garnison. Il ne voulut pas d'abord en faire le siège, comptant toujours sur un accommodement, et il tourna ses efforts contre la ville, qui communique avec le faubourg par un pont sur le Tibre. Mais il trouva les abords de ce pont munis de remparts faits à la hâte. Ils ne pouvaient offrir une résistance sérieuse, et furent bientôt emportés. L'accès de Rome était ouvert, et ses troupes y entrèrent. La prise du faubourg et de la ville avait coûté des deux côtés 7.300 hommes, parmi lesquels on reconnut le corps d'un cardinal, revêtu d'habits de guerre.

(1) Benvenuto Cellini, le grand artiste, servait alors dans les troupes qui défendaient Rome. Il prétend qu'il a lui-même dirigé les coups qui ont frappé le duc de Bourbon et plus tard le prince d'Orange. Mais on sait qu'il n'avait pas moins de jactance que de talent.

Philibert fut proclamé par son armée général en chef. Ce titre lui fut confirmé plus tard par Charles-Quint.

Dès que Rome fut prise, les soldats se répandirent dans la ville, pillant, saccageant, brûlant et massacrant. Ces excès, que Philibert était impuissant à arrêter devant l'indiscipline de ses troupes, surtout des lansquenets, qui en grande partie luthériens, éprouvaient une joie féroce à maltraiter des Catholiques, durèrent plus d'un mois.

Le prince d'Orange, condamné à être témoin de ces désordres que, malgré ses efforts et ses menaces, il ne pouvait empêcher, se hâta de mettre le siège devant le château St-Ange, même sans attendre son artillerie. Il espérait ainsi, en y occupant une partie de ses troupes, modérer, sinon éteindre leur ardeur du pillage. Il fit d'abord ouvrir une tranchée autour de la place. Avant de commencer l'attaque, il essaya de parlementer, et envoya à cet effet un trompette dans le château. Mais ses ouvertures furent repoussées. Le pape et son entourage se confiaient dans la force de leurs murailles, et espéraient l'arrivée prochaine d'un secours.

Pendant que Philibert s'était avancé au-delà de la tranchée, pour attendre le retour de son messager, une balle de couleuvrine le frappa au-dessous de l'œil et sortit près de l'oreille. La commotion lui fit perdre connaissance. Il resta 24 heures privé de sentiment, et on désespéra d'abord de sa vie. Mais des soins intelligents et sa forte constitution le mirent bientôt hors de danger, et, au bout de quelques semaines, il put reprendre le commandement.

Cependant les travaux du siège, ou plutôt du blocus, avançaient toujours, dirigés par le fidèle Barnaud, que Philibert avait pris comme son lieutenant. Cherchant à pénétrer dans la place sans effusion de sang, les Impériaux avaient pratiqué des mines. Les défenseurs du château faisant de leur côté des contremines, reconnurent les ouvrages souterrains de l'ennemi, quand déjà ils atteignaient les murailles. Lorsque la nouvelle en fut donnée au pape, ce pontife, enfermé depuis 32 jours, souffrant déjà de la famine, redoutant une catastrophe imminente, et ne pouvant plus compter sur un secours de ses confédérés, demanda à Philibert de capituler.

L'acte de la capitulation fut signé le jour même, 6 juin. Il y était dit que le pape paierait 400.000 ducats, qu'il remettrait à l'empereur le château St-Ange, Ostie, Civita-Vecchia et quatre autres villes, qu'il demeurerait prisonnier avec treize cardinaux enfermés avec lui, jusqu'à ce que les premiers 150.000 ducats fussent payés, qu'ensuite il irait à Gaëte ou à Naples, à la disposition de l'empereur, en donnant plusieurs évêques et prélats pour otages, jusqu'au complet paiement.

Ces conditions paraîtront peut-être dures, surtout si l'on pense qu'elles étaient imposées au chef de la chrétienté. Mais il ne faut pas oublier que Philibert, tout rempli qu'il fût de vénération pour le Pasteur de l'Eglise universelle, ne pouvait voir dans le souverain temporel de Rome autre chose qu'un prince ligué avec ses ennemis, qui lui avait résisté, qui avait refusé jusqu'ici tout accommodement et n'avait cédé qu'à la force. Les lois de la guerre envers un adversaire vaincu et armé, plutôt que le respect pour le Pontife, lui dictaient son devoir. Du reste, ces conditions furent bientôt adoucies.

Le pape demeura donc prisonnier dans le château St-Ange, et fut commis à la garde d'Alarcon, gentilhomme espagnol qui avait été le gardien de François I (1). Les officiers français qui s'étaient enfermés avec Clément VII, furent laissés libres de sortir avec armes et bagages (2).

Dès que l'empereur, qui était alors à Valladolid en Espagne, eût reçu la nouvelle du blocus qui tenait le pape enfermé, il ordonna des prières publiques ponr sa délivrance, prit le deuil, jeûna et communia lui-même à cette intention (3). Il se garda bien toutefois d'ordonner au chef de son armée de cesser les hostilités

(1) Abry d'Arcier.
(2) La Pise.
(3) Gollut.

contre sa Sainteté, donnant ainsi une preuve de cette duplicité hypocrite qui fut un des principaux traits de son caractère (1).

Dans le butin qui fut fait à Rome, Philibert prit pour sa part un certain nombre d'objets précieux qu'il envoya à sa mère en Franche-Comté. C'étaient des draps d'or et d'argent, de la vaisselle, etc. Le convoi de mulets qui en étaient chargés fut arrêté au val d'Aoste par les ordres du duc de Savoie, et en partie pillé. Après de longues instances, Philiberte de Luxembourg obtint du duc qu'on lui rendrait la charge de douze mulets, et 22.000 écus pour ce qui avait été pris. Les étoffes précieuses furent distribuées aux églises. Plus d'un siècle après, les chanoines d'Orange possédaient encore des chasubles de drap d'or, d'argent et de velours qui provenaient de ce butin (2).

Philibert, après avoir tout réglé à Rome, sortit de cette capitale avec 150 chevaux, pour parcourir les villes voisines, afin d'affirmer sa domination dans les Etats de l'Eglise. Il s'avança jusqu'à Sienne où il était déjà en août 1527 (3). Nous n'avons trouvé, touchant le séjour qu'il y fit, qu'un détail que nous citons. Il s'y confessa pour la Toussaint, et fit donner un écu à son confesseur. C'était sans doute pour l'indemniser de son dérangement. Nous tirons de ce fait la preuve qu'il avait été relevé de l'excommunication. Il apprit dans cette ville, où il se trouvait encore le 6 novembre suivant (4), qu'une maladie pestilentielle qui avait déjà fait plusieurs victimes avant son départ, exerçait ses fureurs parmi ses troupes. Il résolut de revenir. Il trouva à son arrivée, en janvier 1528, son armée réduite presque de moitié, tant la peste avait fait de ravages, surtout parmi des soldats qui s'abandonnaient à tous les excès. Heureusement la maladie perdait de jour en jour de sa violence, et Philibert put s'assurer qu'elle était sur son déclin.

(1) Dunod.
(2) La Pise.
(3) Arch. du Doubs. E. 1289.
(4) Lettre de du Guast. F. Clairembaud. 327.

Des nouvelles alarmantes lui parvinrent sur ces entrefaites. Le roi de France, qui n'avait pas rencontré de la part de ses confédérés un concours très efficace, envoyait une nombreuse armée en Italie, décidé à agir par ses propres forces, puisqu'il ne pouvait pas beaucoup compter sur ses alliés. Il avait donné le commandement de cette armée à Odet de Foix, maréchal de Lautrec, le plus grand capitaine que la France eût alors. Lautrec passa les Alpes au commencement de l'été de 1527, à la tête de 40.000 hommes. Son but apparent était d'aller délivrer le pape et de s'emparer ensuite du royaume de Naples. Il avait en réalité pour objet de soumettre toute la péninsule au roi de France. En effet, à son arrivée et durant les mois d'août et de septembre, il s'attarda à la prise de Gênes, d'Alexandrie et de Pavie. Il aurait volontiers poussé jusqu'à Milan, mais il craignit que les Vénitiens ne prissent ombrage de ses progrès. Il se mit donc en route pour Rome. L'hiver sévissait, et les rigueurs de la saison retardèrent sa marche. A la fin de janvier 1528, il était encore à une assez grande distance de la ville occupée par Philibert.

Celui-ci, à l'approche de son puissant ennemi, comprit qu'il lui serait difficile de lui résister dans l'état de délabrement de son armée. En outre, ses lansquenets, troupe indisciplinée, mécontents de ne pouvoir plus se livrer au pillage, et de ne pas recevoir l'argent qui leur était dû, menaçaient leur général de l'abandonner, s'ils n'étaient pas payés. Le prince d'Orange écrivit à l'empereur le 19 janvier que la défection des lansquenets ruinerait ses affaires en Italie et que, s'ils s'éloignaient, « ce serait bientôt fait et failli (1)». Il réussit pour les satisfaire à tirer du roi de Naples 70.000 écus. Mais redoutant l'arrivée de Lautrec, et ne pouvant songer à lui tenir tête avec son peu de forces, il prit le parti d'abandonner Rome et d'aller s'enfermer dans Naples. Mais avant de s'éloigner, il voulut s'assurer, sinon de l'affection, au moins de la neutralité du pape. Il lui rendit la liberté, et reçut de lui en échange l'engagement de ne rien tenter contre l'empereur,

(1) Mignet, *Rivalité de François I*, etc.

ni à Milan, ni à Naples. On se souvient que l'expulsion de Charles-Quint de ces deux villes était l'objet avoué de la Ligue dans laquelle Clément VII était entré. Il adoucit les conditions de la capitulation du mois de juin de l'année précédente. Outre plusieurs immunités dont la concession ne coûtait rien au pape, il se contenta de deux villes, Ostie et Civita-Vecchia, et n'exigea pour otages que les deux neveux du Pontife. La contribution qui lui avait été imposée, était réduite à 350.000 ducats, dont 100.000 environ devaient être payés comptant, et le reste au bout de trois mois seulement. Clément VII, en signant ce nouveau traité, avait l'apparence de ne s'engager qu'à la neutralité ; mais, aux yeux de ses confédérés, il devenait l'ami de l'empereur.

CHAPITRE IX

—

PHILIBERT A NAPLES.

Lautrec cependant s'avançait vers Rome. Son armée était diminuée, parce qu'il avait dû laisser des garnisons dans les villes qu'il avait occupées. Il n'avait plus avec lui que 28.000 hommes, qui se composaient de 8.000 lansquenets, 3.000 suisses, commandés par Claude, c^te^ de Tende, fils aîné de René batard de Savoie, 3.000 français, 4.000 gascons et 1.000 italiens. Philibert ayant appris qu'il était parti de Bologne, et se sentant incapable de s'opposer à sa marche, crut plus prudent de quitter la capitale du monde chrétien et d'aller se réfugier dans Naples avec ce qui lui restait de troupes. Avant de prendre ce parti, il voulut se concerter avec le vice-roi de Naples, et se rendit secrètement dans cette ville au commencement de février. Il y resta à peine huit jours et il était de retour à Rome le 11 du même mois (1). Son plan était

(1) Arch. du Doubs. E. 1289.

arrêté. Il devait battre en retraite devant l'armée de Lautrec, et ne s'arrêter qu'à Troia, petite ville située à quelques milles de Naples, pour lui barrer le passage. Aussitôt après son arrivée à Rome, il s'occupa de mettre en mouvement les troupes qui lui restaient.

Il n'emmenait avec lui que douze à treize mille hommes : 1.500 hommes d'armes, 4.000 espagnols, 3.000 italiens et 5.000 lansquenets. Son armée était réduite de moitié par la peste et la désertion. Ce fut le 17 février 1528 qu'il sortit de Rome et qu'il se dirigea à marches forcées vers le royaume de Naples. En chemin, le prince de Melphe lui amena un renfort de 1.000 hommes, mais, même avec ce secours, l'infériorité de ses forces l'obligeait à battre en retraite.

Le général français, ayant su que les Impériaux s'étaient éloignés après avoir mis le pape en liberté, n'entra pas dans Rome, et se mit à la poursuite de l'armée ennemie. Toutefois, l'avance que le prince d'Orange avait sur Lautrec, lui permit de ralentir la marche de ses troupes, épuisées par les fatigues d'une course trop rapide. D'ailleurs, le général français avait pour objectif, non-seulement de s'emparer de Naples, mais de conquérir tout le royaume dont cette ville était la capitale. Dans ce dessein, il devait s'arrêter devant les places qu'il voulait prendre, et laissait ainsi à Philibert la possibilité de faire retraite sans être inquiété sur ses derrières. Ainsi arrivé à la fin de février dans les Abruzzes, Lautrec pendant plusieurs semaines fit successivement le siège des villes et des châteaux. Il fit de même dans la Pouille et la terre de Labour, de sorte qu'il n'entra dans la Capitanate, où la ville de Naples est située, que vers le milieu du mois de mars.

Philibert continuait sa marche vers Naples. Il arriva le 1er mars à Bénévent, le 3 il soupait à Castelfranco, et il était le 4 à Troia. Il avait le dessein, comme on l'a vu, de s'établir devant cette ville pour fermer le passage à Lautrec. Il y fortifia donc son camp et y attendit l'ennemi. Son attente fut assez longue, car le 20 au matin, il était encore dans la même position, quand on lui annonça l'approche de l'avant-garde, suivie du gros de l'armée ennemie.

Les Francais avaient campé depuis la veille à deux ou trois milles de distance. Philibert comptait sur une attaque et se préparait à la recevoir. Mais, par une inaction inexplicable, que nous devons admettre d'après un témoin oculaire (1), Lautrec manqua l'occasion de détruire l'armée des Impériaux. Était-ce indécision, ou désir d'attendre que toutes ses troupes fussent rassemblées ? La journée se passa sans mouvement de sa part. Philibert profita de cette inaction, et se voyant menacé d'avoir sur les bras une armée presque plus nombreuse du triple que la sienne, car elle s'était grossie en chemin des contingents des villes italiennes, il prit le parti le plus sage. Dans la nuit du 20 au 21, il fit décamper secrètement ses troupes, et alla se réfugier dans les murs de Naples. Lautrec, maître des principales places de la contrée, vint alors mettre le siège devant cette ville. Il y arriva dans le courant d'avril 1528.

Cette capitale, commandée par le vice-roi Hugues de Montcade, gentilhomme espagnol, était puissamment fortifiée. Elle était en outre défendue par une bonne garnison, que venaient de grossir les troupes de Philibert. Lautrec ne se faisait pas illusion. Il n'espérait pas s'emparer de la place de vive force, mais il comptait la réduire par la famine. Dans ce but il disposa son campement de manière à empêcher par terre toute communication avec le pays, pendant que, par mer, Philippin Doria, fils de l'amiral génois André Doria, alors ami de la France, fermait l'accès en croisant devant la ville avec huit galères bien armées.

Philibert, qui était de fait le chef de la garnison, car le vice-roi était plutôt homme de mer, Philibert fit tous ses efforts pour empêcher les Français de s'établir autour de la ville. Il multiplia les sorties qui incommodaient fort l'ennemi; mais malgré son intrépidité et la valeur de ses soldats, il fut toujours repoussé. L'historien de la maison d'Orange (2) fait le récit d'une de ces attaques, qui

(1) Melguitius.
(2) La Pise.

aurait mérité un plus heureux succès : « Philibert, dit-il, essaya par un stratagème de déloger les François d'un fort qu'ils avoient construit et qui incommodoit beaucoup la ville. Sept ou huit cents hommes revêtus d'une chemise sur leurs vêtements, s'approchèrent de nuit du fort en rampant. On les prit d'abord pour un troupeau de moutons. Mais bientôt on reconnoit les assaillants ; on leur envoie plusieurs décharges. Pour toute réponse, ils se précipitent aux remparts avec furie et grimpent jusqu'au haut de la muraille. Ils furent repoussés en laissant sur la place 250 des leurs et deux capitaines ».

La ville était, de jour en jour, serrée de plus près. Les Impériaux firent, pour se débarrasser, une tentative désespérée. Elle fut enfin heureuse. Un corps de troupes, conduit par Ferdinand de Gonzague commandant de la cavalerie, réussit à faire une trouée à travers le camp français et à gagner une colline qui le dominait. Il s'y établit fortement, et n'en put être débusqué. Le prince d'Orange parvint à conserver une communication avec la position conquise. Elle était très avantageuse aux Napolitains. Outre qu'elle donnait plus d'air à la place, les troupes qui s'y étaient retranchées coupaient en deux les forces ennemies, et empêchaient l'accès des envois de vivres qui arrivaient au camp français. Aussi la disette s'y fit bientôt sentir (1). Le manque de vivres et d'eau, joint à la forte chaleur de la saison (on était au mois de juillet), amena une maladie pestilentielle dans l'armée française. La ville de son côté, ne souffrait pas de la famine. Les approvisionnement qu'on y avait amassés en prévision d'un siège, n'étaient pas encore épuisés, et des barques chargées, venant de tous les points de la côte, échappaient à la vigilance des galères de Doria. Celles-ci, trop peu nombreuses et trop éloignées du rivage pour pouvoir exercer une surveillance efficace, ne gardaient pas si bien les approches de Naples, qu'on ne put y pénétrer de nuit. Aussi les vivres ne manquaient pas dans la ville assiégée, et Lautrec, qui avait espéré réduire la place par la disette, en souffrait lui-même.

(1) Melguitius.

Cependant le vice-roi, Hugues de Montcade, moins inquiet du côté de la terre, voulut tenter un effort suprême pour se débarrasser de ses adversaires du côté de la mer. Il fit équiper, le plus secrètement possible, tous les navires dont il pouvait disposer, et tomba sur la flotte de Doria. Mais celui-ci qui avait reçu de Lautrec avis du projet de Montcade, était prêt à lui résister. Aussi quand le vice-roi attaqua les vaisseaux ennemis, il fut reçu si vigoureusement que, toutes ses galères, moins deux espagnoles, furent prises ou coulées. Montcade lui-même et plusieurs capitaines de marque furent tués (1).

Doria n'avait pas remporté ce succès sans faire de grandes pertes. Mais cette attaque qui avait failli le surprendre, le détermina à enserrer plus étroitement la ville dont il n'avait plus rien à craindre par mer. Accrue des galères qu'il avait prises, sa ligne d'investissement fut plus rapprochée de la place et il put dès lors exercer une surveillance plus complète. Le résultat de cette mesure, résultat qu'il en attendait, fut que les vivres ne purent plus dès lors pénétrer du dehors dans Naples. Aussi les approvisionnements diminuant de jour en jour, Philibert se voyait menacé de la disette.

Il avait pris le commandement en chef après la mort du vice-roi ; malgré la position critique où il se trouvait, il ne perdit pas courage. Tout le pays, moins Naples et Gaëte, était aux Français; les secours qu'il attendait n'arrivaient pas, il pouvait craindre que la ville ne fût bientôt en proie à la famine ; il avait même à souffrir des querelles qui s'élevaient souvent entre les hommes de nationalités diverses qui la défendaient. Il tint bon toutefois, et ne cessa de fatiguer les assiégeants par de fréquentes sorties.

Il prit le parti, pour apaiser les dissensions, de réunir toute la population, militaire et civile, en une assemblée générale, dans laquelle il fut résolu, sur sa proposition, que tous les vivres et le vin seraient mis en commun et distribués par égales portions, aux petits comme aux grands. Il fit un chaleureux appel à la concorde,

(1) La Pise.

et assura, quoiqu'il n'y comptât guères, qu'un secours allait bientôt arriver par terre, et que par mer, il attendait une grande flotte, qui forcerait les galères de Doria de s'éloigner. Ses exhortations et ses promesses agirent sur l'esprit de la foule (1), et Philibert put attendre les événements.

Quand il avait annoncé aux Napolitains que l'approche d'une flotte allait bientôt les débarrasser du côté de la mer, il ne pouvait prévoir que, sans être attaqué, même sans craindre aucune attaque, Doria abandonnerait son poste. C'est cependant ce qui arriva. Un matin, peu de jours après l'assemblée générale, on vit que les galères avaient disparu et que la mer était libre. Voici quelle était la cause de ce brusque départ. André Doria, l'amiral génois, jusqu'alors allié du roi de France, réclamait en vain, depuis quelque temps, des sommes d'argent qu'il prétendait lui être dues. La résistance que François I mettait à le satisfaire l'irrita contre lui et il abandonna sa cause. Philippin Doria, son fils, qui bloquait Naples, suivit sa défection et s'empressa de s'éloigner avec toute sa flotte (2). La ville allait pouvoir désormais se ravitailler librement. La joie de cette délivrance fut si vive, que, dans leur enthousiasme, les Napolitains acclamèrent Philibert vice-roi. Cette dignité, conférée au prince d'Orange par le peuple et l'armée, lui fut ensuite confirmée par l'empereur.

Le jeune vice-roi n'en fut que plus ardent à poursuivre son but qui était de faire lever le siège. Il apprit qu'une grosse troupe, commandée par le marquis de Saluces, venait renforcer l'armée de Lautrec. Instruit de l'état de détresse auquel la peste avait réduit les Français, il conçut le projet hardi de traverser leur camp pour se porter à la rencontre du secours qui leur arrivait. Il sortit en force par deux portes à la fois, s'avança presque sans trouver de résistance, par la vallée à l'est de Naples entre les retranchement des assiégeants et les dernières pentes du Vésuve. Il marcha ensuite hardiment contre le marquis de Saluces, qui

(1) La Pise.
(2) La Pise.

4

ne pouvait s'attendre à une attaque, tomba sur sa troupe à l'improviste et la tailla en pièces. Les débris s'étant réfugiés dans Capoue, il assiégea cette ville et la força à capituler. Il s'empara encore de plusieurs places telles que Nole, Acerra, Aversa et revint à Naples par le même chemin, après une expédition qui ne lui avait demandé que quelques jours.

Pendant que la fortune semblait revenir aux défenseurs de Naples, l'armée française, déjà presque anéantie par la peste et la famine, voyait son chef tomber malade lui-même. Le maréchal de Lautrec, accablé par le mal et profondément affecté du désastre de son armée, ne tarda pas à succomber. Il mourut le 16 août 1528. Le marquis de Saluces prit après lui le commandement, mais ses débuts ne furent pas heureux. Le prince d'Orange ne cessa de l'inquiéter jour et nuit, et les retranchements français, vu leur étendue, ne pouvant être suffisamment gardés, il diminuait de jour en jour les lignes d'investissement; enfin le marquis, voyant son armée réduite de plus des trois quarts, ses principaux officiers morts ou malades, et les Impériaux vainqueurs dans toutes leurs sorties, sans qu'il pût même songer à leur résister, prit le parti d'abandonner le siège et de se retirer. Dès que Philibert fut informé de cette détermination, malade lui-même de la fièvre, il résolut d'attaquer les débris de l'armée française.

Il n'écouta pas les avis de son médecin. « J'aime mieux, dit-il, souffrir avec les miens, que rester lâchement à l'abri (1). » Il monte à cheval de grand matin, et attaque les Français dans leur camp. Ceux-ci, abandonnant leur artillerie et le trésor de l'armée, prennent la fuite, non sans perdre beaucoup d'hommes, tués, blessés, ou faits prisonniers. Les compagnies italiennes et gasconnes, qui occupaient un petit camp séparé du reste de l'armée, voulurent rejoindre leurs camarades, mais elles ne le purent. N'ayant ni mangé ni bu depuis plusieurs jours, elles furent obligées de se rendre au prince d'Orange, qui leur fermait le passage (2).

(1) Melguitius.
(2) Mignet. *Rivalité* etc.

Les débris de l'armée française, à peine ralliés, se dirigèrent vers Aversa, que Philibert avait prise, mais il n'y avait pas laissé de garnison. Quoique cette ville ne soit située qu'à huit milles de Naples, les troupes fugitives ne purent réussir à s'y enfermer tout entières. Les Impériaux conduits par l'infatigable prince d'Orange, les poursuivirent, attaquèrent l'arrière-garde et firent de nombreux prisonniers.

Sans perdre de temps, Philibert vint mettre le siège devant cette ville, peu fortifiée et qui n'avait pour défenseurs que les soldats découragés du marquis de Saluces. La résistance ne fut pas longue et la place se rendit bientôt. Les conditions de la capitulation furent que le chef et quelques officiers devaient rester prisonniers, que les troupes seraient désarmées et qu'elles n'auraient la liberté, qu'après avoir promis de ne plus servir contre l'empereur.

Naples était définitivement perdu pour la France. La puissante armée qui avait conquis tout le nord de l'Italie et une grande partie du royaume de Naples, était réduite à 100 hommes d'armes et à 4.000 fantassins (1). Le maréchal de Lautrec, son chef, après une glorieuse carrière, était mort misérablement, et le marquis de Saluces, qui l'avait remplacé, blessé grièvement dans Aversa, était allé mourir prisonnier dans la ville qu'il avait espéré prendre.

Philibert, victorieux de ses ennemis, pouvait se reposer sur ses lauriers; il écrivait à Charles-Quint, le 9 septembre : « Sire, les choses de la guerre de ce côté peuvent se dire véritablement terminées..... Par terre et par mer, ce royaume est entièrement délivré (2). » Il se trompait toutefois, et sa tâche n'était pas achevée. Pendant qu'il s'occupait, par lui ou par ses lieutenants, de recouvrer les villes du royaume de Naples occupées naguères par les Français, les Italiens, jaloux de ses succès, cherchaient à paralyser ses efforts, désolaient et ravageaient les pays

(1) Du Bellay, *Mémoires*.
(2) Mignet.

soumis à l'empereur. Les Vénitiens se joignirent à eux, et le prince d'Orange put craindre de voir Naples assiégé de nouveau (1). Il n'hésite pas à prendre des mesures énergiques. Il terrorise ses ennemis par le supplice de quelques Napolitains, alliés secrets des confédérés, et se met en campagne à la tête d'une partie de ses troupes. Il s'empare de vive force des places principales de la Pouille, déjà tombées au pouvoir des Italiens, et tient les autres en respect. Enfin, la province nettoyée de ses nouveaux ennemis, il revient à Naples, dans la saison rigoureuse, en traversant les montagnes déjà couvertes d'une neige épaisse. Il rapportait, comme trophée de ses brillants et rapides exploits, deux cents drapeaux pris sur l'ennemi. Il trouva, à son arrivée dans cette ville, des lettres de Charles-Quint, qui le félicitaient, lui confirmaient le titre de vice-roi de Naples, et lui conféraient, en récompense de ses glorieux services, la principauté de Melphe, dont Philibert prit possession le 13 avril 1529 (2), les duchés de Gravina et d'Ascoli (3). Le jeune prince, objet de si hautes distinctions, n'avait pas encore 27 ans.

CHAPITRE X.

PROJETS DE MARIAGE DE PHILIBERT.

Le prince d'Orange, revenu à Naples, resta quelques mois dans cette ville, autant pour se refaire des fatigues, que pour réparer les désastres du siège. Mais on ne le laissa pas s'engourdir dans le repos. Dans le courant de l'été 1529, il reçut l'ordre de l'empereur de se rendre à Rome. Ce prince était réconcilié avec le pape. Clément VII fit avec lui un traité, le 29 juin, par lequel il lui accordait l'investiture du royaume de Naples, et l'engagement de le

(1) La Pise.
(2) Arch. du Doubs. E. 1289.
(3) Guichardin.

couronner comme empereur. Charles-Quint, de son côté, promettait de faire restituer au pontife plusieurs villes occupées par ses récents alliés, et surtout de rétablir l'autorité des Médicis dans Florence. Cette ville s'était révoltée contre eux, les avait chassés et s'était constituée en république. Clément VII, qui appartenait à la famille des princes dépossédés, avait un vif désir de les remettre dans leur souveraineté. Il avait enfin obtenu le concours de l'empereur, son nouvel allié. Ce prince, pour obtempérer aux intentions du pape, avait résolu de mettre une armée à sa disposition. Il en confiait le commandement à Philibert.

Celui-ci dut donc quitter Naples. Il prit son chemin par Gaëte. En passant dans cette ville, il voulut donner une sépulture honorable au corps du connétable de Bourbon, qui y avait été transporté. Mais, comme le duc, ayant porté les armes contre le pape, était mort excommunié, l'évêque de Gaëte lui refusa les honneurs et les prières de l'église. Philibert, quoique coupable du même crime et frappé de la même sentence d'excommunication, n'en avait pas moins conféré avec Clément VII avant de quitter Rome, et allait bientôt, à son retour dans la capitale du monde chrétien, recevoir du pontife des marques de confiance et d'affection. Il trouva le refus du prélat trop sévère, peu prudent et en contradiction avec la conduite du chef de l'église. Il n'insista pas toutefois devant ses scrupules. Il laissa donc le corps du connétable dans une des salles du château de Gaëte, où, armé, botté et éperonné, il est demeuré longtemps l'objet de la curiosité des visiteurs (1).

Pendant que Philibert se rendait à Rome, Marguerite d'Autriche, tante de Charles-Quint et en son nom, Louise de Savoie, mère de François I et au nom de ce prince, négociaient et signaient le traité de Cambray (5 août 1529), qui assurait à l'empereur la possession du royaume de Naples, dont il devait la conservation aux armes du prince d'Orange. Celui-ci obtenait par ce traité un avantage personnel. On se rappelle que la principauté d'Orange avait été saisie par le roi de France, et que, malgré les stipula-

(1) Abry d'Arcier.

tions du traité de Madrid, elle était restée de fait entre ses mains. Un article spécial du traité de Cambray (1) déclarait que la principauté serait restituée à son seigneur légitime, avec tous ses droits. Et même, plus tard, l'empereur, ayant appris que l'exécution de cet article tardait trop, s'en plaignit à François I, qui s'empressa de le satisfaire. Toutefois, les clauses de ce traité, favorables au prince d'Orange, ne furent pas toutes remplies. Car une lettre de lui, de février de l'année suivante, adressée à l'amiral de Bryon, contient des réclamations au sujet de ses droits en Bretagne et la prière de s'employer en sa faveur (2).

Philibert, en arrivant à Rome, trouva Clément VII dans les meilleures dispositions. Il en reçut un accueil très bienveillant, et conféra longuement avec lui des conditions de l'expédition qu'il allait entreprendre contre les Florentins. Le pape se montra très empressé auprès du futur vengeur de ses injures. Il promit, pour les frais de la guerre, 30.000 ducats, qu'il verserait de suite, et 40.000 qu'il paierait après le succès ; il donnait de l'artillerie du château St-Ange et des munitions (3). Il assurait, en outre, à Philibert l'investiture d'Avignon et du Comtat-Venaissin, et y ajoutait, selon plusieurs historiens, la promesse de la main de sa petite nièce, Catherine de Médicis, duchesse d'Urbin (4). Cette jeune princesse alors âgée de onze ans à peine, était au pouvoir des Florentins. Elle était gardée comme otage, dans un couvent. Il y avait entre elle et Philibert une grande disproportion d'âge. Mais on sait que dans les mariages princiers on faisait peu attention à cet inconvénient.

D'autres auteurs disent que c'est Philibert qui exigea du pape, comme condition de son concours, l'assurance de ce mariage. Cette opinion, quoique nous manquions de preuves positives pour la réfuter, ne nous paraît pas vraisemblable. Nous penchons plu-

(1) Le XXXVIIIe.
(2) La Pise.
(3) La Pise.
(4) Abry d'Ar cier.

tôt à croire que la proposition vint du pape. Clément VII, il est vrai, après la mort prématurée du prince d'Orange, se réjouit dit-on, de n'avoir pas à lui donner sa nièce. Mais cette prétendue joie ne prouve pas qu'il n'ait pas eu l'intention de le faire, quand, ardent à poursuivre les Florentins, il cherchait, par tous les avantages qu'il promettait au futur chef de la campagne qui allait s'ouvrir, à l'animer contre ses ennemis.

Quoiqu'il en soit de ce projet d'union, soit qu'il ait été conçu par le pape, ou proposé par Philibert, on peut imaginer, s'il se fût réalisé, quel changement ce mariage eût produit dans l'histoire du XVIe siècle de notre pays. Catherine, même veuve du prince d'Orange, ne serait pas très probablement devenue quatre ans plus tard l'épouse du prince qui fut depuis Henri II, et n'aurait pu sous les règnes de ses fils François II, Charles IX et Henri III, gouverner la France en véritable souveraine.

Ce qui nous porte à mettre en doute l'empressement de Philibert à faire et même à accepter la proposition de mariage avec la nièce du pape, c'est un passage d'une lettre qu'il écrivit à sa mère le 5 février 1530, lettre que nous publions tout entière aux *pièces justificatives*. C'est une réponse qui paraît donner à entendre que Philiberte de Luxembourg, ignorant sans aucun doute l'offre faite à son fils de la main de Catherine de Médicis, lui avait parlé d'un projet de mariage avec la fille du duc de Guise. Il s'agissait probablement de Marie, fille aînée de Claude de Lorraine, duc de Guise, alors âgée de 14 à 15 ans. Philibert répond à sa mère, que ce chapitre de sa lettre demande réflexion, qu'il faut d'abord qu'elle s'informe du *mariage*, ou dot, que M. de Guise veut donner à sa fille, qu'elle le lui fasse savoir et qu'il verra ensuite à quoi se résoudre. Ces expressions ne prouvent pas que des pourparlers de mariage avec la nièce du pape n'aient pas eu lieu, mais elles établissent clairement que le prince d'Orange, ou n'y avait pas donné les mains, ou du moins qu'il voulait, avant de se décider, choisir le parti qu'il croirait le plus avantageux.

Nous devons mentionner, sans pouvoir affirmer que ce projet de mariage ait été sérieux, qu'il y eut des pourparlers, entre Philibert lui-même et la marquise veuve de Montferrat, pour demander sa fille en mariage. Il paraitrait, d'après une lettre de Charles-Quint, publiée dans l'annuaire du Jura (1), que ce prince aurait eu l'intention de favoriser cette union, car il écrit à Philiberte «..... Si, suivant ce que m'avez faict dire, mon cousin veult entendre à mariage avec l'aînée de Montferrat, je y tiendray très volontiers la main, et feray tout le possible.» Cette lettre, seul témoignage qui nous reste de ce projet, est datée du 4 août 1530, le lendemain de la mort de Philibert. Ce n'était pas, à notre avis, une raison bien suffisante pour permettre à un historien moderne de la Franche-Comté d'écrire en un style un peu romanesque (2) : « La jeune et belle Marguerite de Montferrat, qu'il était (à sa mort) sur le point d'épouser, garda longtemps le souvenir de son fiancé .» Cette Marguerite de Montferrat ne garda pas *bien longtemps* le souvenir de Philibert, s'il est vrai, ainsi que nous en doutons, qu'elle lui avait été promise. Car moins de trois ans après la mort de son *fiancé*, elle épousa le duc de Mantoue.

Ainsi le jeune prince d'Orange, non seulement n'était pas marié, mais ne paraît pas même avoir fixé son choix, quand il se mit en route pour aller assiéger Florence.

CHAPITRE XI.

PHILIBERT FAIT LE SIÈGE DE FLORENCE.

—

Le 29 août 1529, Philibert passa le Tibre, se dirigeant vers la Toscane. Il n'emmenait avec lui que 13 ou 14 mille hommes (3); c'était une armée assez faible, mais l'habileté et le courage du général allaient suppléer au nombre. Avant de mettre le siège devant Florence, il voulut enlever aux habitants le secours des

(1) Année 1840.
(2) *La Franche-Comté ancienne et moderne*, par Rougebief, p. 423.
(3) La Pise.

villes de la province, dont la plus grande partie avait embrassé leur cause. Il espérait par là, non seulement affaiblir ses adversaires, mais rendre leur résistance moins opiniâtre, quand ils se verraient privés de leurs alliés.

Pour entrer en Toscane, le prince d'Orange devait traverser l'État de Pérouse. Il commença par s'emparer de Spelle ou Ispelle, place de l'extrême frontière du Pérousin. Delà il arriva devant Pérouse. Cette ville, située au sommet d'une petite montagne, et dans une forte position, ne pouvait être facilement assiégée. Malatesta la défendait avec 3,000 hommes. Philibert lui offrit de se rendre moyennant des conditions avantageuses. Au bout de trois jours, on signa une capitulation qui remettait la place à Philibert (1).

Le 14 septembre, il s'approcha de Cortone. Pendant qu'il était en marche, les Florentins lui envoyèrent une députation, pour lui demander une surséance d'hostilités, jusqu'après le retour d'ambassadeurs qu'ils avaient chargé de négocier avec l'empereur et le pape. Le prince d'Orange n'ignorait pas qu'ils étaient disposés à la résistance, et que ces prétendues propositions d'arrangement n'étaient qu'un leurre pour dissimuler leurs desseins, gagner du temps et leur permettre de se fortifier. Il connaissait d'ailleurs la détermination inflexible de l'empereur et du pape, de ne mettre bas les armes que devant une soumission absolue et sans condition et la réintégration des Médicis. Il refusa d'écouter leur demande et continua sa route vers Cortone.

Il n'y avait dans cette ville que 700 hommes de garnison, bien disposés à se défendre. Philibert dut faire un siège en règle. Mais après un assaut qui lui fit éprouver quelques pertes, les habitants se voyant incapables de prolonger la défense, offrirent de se rendre. Le prince occupa la ville, à laquelle il imposa 20,000 ducats de rançon (2). Arezzo se trouvait sur sa route. La garnison évacua la ville à son approche, et le 18 septembre Arezzo ouvrit ses

(1) Abry d'Arcier.
(2) La Pise.

portés à l'armée impériale. La prise de Cortone et d'Arezzo fut bientôt suivie de celle de Castiglione, de Firenzuola et de Scarpéria.

Les Florentins, voyant les villes de leur parti succomber l'une après l'autre sous les armes de Philibert, n'en furent que plus animés à se défendre. Quelques citoyens toutefois, entr'autres l'historien Guichardin (1), quittèrent Florence et passèrent dans le camp ennemi. Mais le nombre des défenseurs de la ville fut peu diminué par ces défections, et la seigneurie qui la gouvernait put envoyer des renforts aux principales places de la Toscanie : Prato, Pistoye, Empoli, Pise, Livourne. Les autres, moins importantes, furent abandonnées à leurs propres ressources.

Cependant, les Florentins tentèrent une nouvelle démarche auprès du prince d'Orange. Ils firent appel à sa droiture et à sa générosité, et lui demandèrent s'il voudrait attaquer cette ville, qui n'était coupable que d'avoir cherché à recouvrer sa liberté opprimée par des tyrans. Il avait, disaient-ils, le cœur trop haut placé pour se faire l'instrument de l'asservissement de leur patrie. A ces représentations accueillies avec bienveillance, Philibert répondit qu'il n'avait point à juger la légimité de l'entreprise dont il était chargé ; mais que son devoir de soldat était de remplir sa mission : réduire leur ville et la rétablir dans son état ancien, et qu'il ferait de son mieux pour y réussir (2). Devant cette réponse les habitants comprirent qu'ils n'avaient plus qu'à se préparer à la résistance.

Philibert avait dû laisser des garnisons dans les villes conquises, mais son armée s'augmentait des forces assez nombreuses que lui envoyaient le pape et l'empereur. Il était donc en mesure de faire le siège de Florence ; mais il était mal pourvu d'artillerie.

Pour se procurer cette arme indispensable dans l'attaque d'une place aussi forte, il s'adressa aux Siennois, ennemis des Florentins, et qu'il devait croire bien disposés à le servir contre eux.

(1) Sismondi, *Histoire des républiques italiennes.*
(2) La Pise.

Mais il comptait sans la défiance, innée chez les Italiens, de la domination étrangère. Cette armée, qui allait agir contre Florence, était l'armée de l'empereur, et sous le prétexte de rendre cette ville aux Médicis, elle allait servir à étendre la puissance d'un souverain étranger, déjà maître d'une partie de l'Italie. Ils refusèrent donc d'abord, alléguant que ce serait une imprudence de dégarnir leur ville. Philibert enfin, après bien des pourparlers, obtint d'eux la promesse de plusieurs canons, qui, joints à ceux qu'il avait reçus du pape, lui permettraient d'établir quelques batteries (1). Mais ces négociations avaient demandé un certain temps et arrêté sa marche vers Florence pendant plus de quinze jours.

Les Florentins avaient profité de ce retard pour compléter la défense de leur ville. Les fortifications étaient presque inexpugnables du côté de la plaine, mais la partie des murs qui traverse les collines au midi de l'Arno, outre qu'elle était dominée en plus d'un endroit, était plus faible. Les retards du prince d'Orange donnèrent le temps de fortifier ces murs. Les bras ne manquaient pas, les habitants pleins d'ardeur se multipliaient. On s'empressa aussi de raser toutes les maisons des faubourgs à un mille de distance des murailles. On raconte même, que dans ces travaux de démolition entrepris pour isoler la ville, les Florentins, par amour de l'art, respectèrent les murs d'une église, sur lesquels était peinte une cène d'André del Sarto (2). L'illustre artiste Michel-Ange Buonarotti se trouvait alors à Florence. Quoique comblé des bienfaits des Médicis, il n'hésita pas à se faire homme de guerre, pour défendre sa patrie adoptive. Il dirigea lui-même l'armement et la défense d'un bastion et se distingua par sa bravoure durant le siège. La garnison comptait encore, après le départ des forces disséminées dans plusieurs places, une dizaine de mille hommes, soldats mercenaires, auxquels il fallait joindre 3.000 hommes de milice urbaine, bien armés et surtout très exaltés.

(1) La Pise.

(2) Cantu. — *Histoire des Italiens.*

Le 14 octobre 1529, Philibert arriva devant Florence et établit son camp à deux milles de la place. Il prit soin d'occuper toutes les hauteurs qui pouvaient la commander (1). Ses premières batteries ne purent être établies avant le commencement de novembre à cause de la lenteur que les Siennois, qui n'agissaient qu'à regret, mirent à lui envoyer de l'artillerie. Dès qu'il eût pris toutes ses mesures, il s'approcha des murs avec une escorte de cavalerie, pour reconnaitre les défenses. Les Florentins crurent à une attaque et le reçurent par une vigoureuse sortie, qui causa plus de tumulte que d'effet. Il put se retirer en bon ordre. Trois jours après il se présenta avec toutes ses forces, espérant que les Florentins accepteraient le combat; mais sa manifestation fut inutile, ils restèrent dans leurs murs. Il voulut alors brusquer l'attaque, et dans la nuit du 10 au 11 novembre, veille de la St-Martin, profitant de l'obscurité, redoublée par une pluie abondante, il tenta une escalade. Quatre cents échelles furent appliquées sur les murs dans la partie la plus montueuse de Florence. Mais les sentinelles donnèrent l'alarme et dès que ses troupes furent arrivées au pied des murailles, elles furent accueillies par de violentes décharges d'artillerie et de mousqueterie, qui les obligèrent à renoncer à l'entreprise. Il se dirigea ensuite vers d'autres points, sans plus de succès. L'artillerie ennemie, dont la place était bien pourvue, déjouait toutes ses tentatives. Philibert essaya de la réduire au silence, mais, avec le petit nombre de canons dont il disposait, ses efforts furent vains. Le siège s'annonçait comme devant être plus difficile qu'on ne l'avait espéré. Le jeune général toutefois ne perdait pas courage.

Un mois après cette tentative d'escalade, les assiégés firent de nuit une sortie, et surprirent un quartier du camp des Impériaux. Les Italiens qui l'occupaient prirent la fuite. Le prince d'Orange accourut, il parvenait à rallier ses troupes, lorsque de trois portes de Florence, sortirent trois corps d'armée, qui envahirent une partie du camp. Si leur chef n'eût fait sonner la retraite bien plus

(1) La Pise.

tôt qu'il ne devait, il aurait peut-être écrasé les assiégeants, et les aurait forcés à lever le siège. Cet accident, qui pouvait devenir fatal, détermina Philibert à fortifier plus puissamment son camp du côté du bastion St-Georges, un des plus importants de la place assiégée, et d'où il avait le plus à redouter les sorties. Il fit exécuter des ouvrages formidables de défense, sur une hauteur qui le dominait, et réussit, malgré le peu de canons qu'il possédait, à pouvoir les munir d'une artillerie suffisante pour écraser l'ennemi, s'il se présentait sur ce point.

Pendant qu'il occupait une partie de l'armée à ces travaux, il reçut de l'empereur, qui était à Bologne avec le pape, une invitation pressante de venir assister à la cérémonie de son couronnement. Clément VII avait rejoint Charles-Quint dans cette ville où il devait remplir la promesse, qui était, comme on se le rappelle, la principale condition du concours de ce prince dans la guerre contre les Florentins. Philibert crut pouvoir momentanément quitter son armée pour se rendre auprès de son souverain. Il laissait d'ailleurs le commandement, pendant son absence, à Pierre de Barnaud, son grand-écuyer, dont il connaissait la prudence, la vigilance et l'intrépidité. Ce fut dans le même temps que Pierre du Nant, son fidèle secrétaire, fatigué et malade, obtint de quitter son service, et de se retirer au grand regret de Philibert à Nozeroy, en Franche-Comté, son pays natal (1).

Mais le prince d'Orange avait eu, en faisant ce voyage, un autre but que d'assister à une pompeuse cérémonie. A peine le couronnement, qui eut lieu le 25 janvier 1530, était-il célébré, que Philibert représenta vivement aux deux souverains la nécessité où il allait être réduit par le manque d'argent, qui lui faisait craindre d'être abandonné d'une partie de ses soldats, surtout des lansquenets ; il avait aussi le plus pressant besoin de nouvelles forces, pour faire face aux difficultés d'un siège qui s'annonçait comme devant être long et pénible. Le pape, comprenant que le succès de l'entreprise était au prix de nouveaux sacrifices, s'engagea à

(1) Abry d'Arcier.

payer 60.000 ducats par mois. L'empereur qui venait de réussir à détacher Venise et le duc de Milan de la Ligue, pouvait maintenant disposer d'une partie des troupes qu'il avait de ce côté, et promit à Philibert de lui envoyer un renfort d'une dizaine de mille hommes ; il y joindrait, ce qui n'était pas moins précieux, 25 pièces d'artillerie (1). Le prince d'Orange avant de quitter Bologne, fit toutes les démarches pour hâter l'envoi de ces secours et rejoignit son armée. Les nouvelles troupes arrivèrent bientôt, à la grande satisfaction du jeune général. Elles furent placées au-delà de l'Arno, formant ainsi une forte réserve à l'armée assiégeante. Désormais Florence était investie de tous côtés, et l'artillerie des Impériaux était bien suffisante pour pousser vivement le siège. Philibert cependant avait pour but de bloquer la ville et de la réduire par la famine ; il se contentait de diriger le feu de ses canons contre les batteries dont l'artillerie l'incommodait le plus. Les assiégés de leur côté redoublaient leurs sorties ; ils essayaient surtout de détruire les ouvrages élevés par l'ennemi. Ces tentatives des Florentins amenaient de fréquents combats, livrés avec des succès divers. L'hiver se passa dans ces atttaques et ces défenses. Dans l'un de ces combats, le 21 mars 1530, Pierre de Barnaud, le fidèle lieutenant et le grand-écuyer de Philibert, fut tué d'un coup de canon. On peut imaginer la douleur du jeune prince, en se voyant privé par la mort d'un homme qui lui était cher, et dont il avait pu tant de fois apprécier le dévouement et les hautes qualités (2). Il choisit pour le remplacer Ferdinand de Gonzague comme son lieutenant, et Joachim de Rye, gentilhomme franc-comtois, comme son grand-écuyer.

Il fit quelques semaines plus tard, une autre perte qui lui fut aussi très sensible. La ville de Volterra, d'abord soumise aux Impériaux, avait été enlevée par un capitaine florentin. Philibert envoya pour la reprendre le marquis du Guast avec des forces nombreuses. Au troisième assaut, la place fut emportée. Mais ce

(1) La Pise.
(2) Abry d'Arcier. — Dunod.

succès coûta la vie à Claude de Visemal, seigneur de Frontenay en Franche-Comté, écuyer du prince et l'un de ses plus chers compatriotes (1).

Florence cependant résistait toujours ; ses défenseurs ne pouvaient plus conserver l'espoir de voir lever le siège. Ils ne se décourageaient pas néanmoins ; leurs fréquentes sorties harcelaient jour et nuit l'armée de Philibert et lui faisaient éprouver des pertes assez sérieuses. Cette ardeur des assiégés n'était du reste qu'un masque pour cacher la situation de la ville. La Toscane, pour la plus grande partie, était au pouvoir des Impériaux ; les vivres diminuaient dans la place, et la garnison était considérablement réduite. Le grand conseil résolut de tenter une nouvelle démarche auprès de l'empereur et du pape, qui étaient encore à Bologne, pour proposer un accommodement. Ils envoyèrent des députés chargés d'offrir le rappel et le rétablissement des Médicis dans leurs biens, à condition que tout l'état florentin conserverait un gouvernement républicain (2). Charles-Quint ni Clément VII ne voulurent rien entendre à ces propositions, et restèrent inflexibles dans leur résolution d'exiger le rétablissement de l'ancien ordre de choses. Les Florentins refusèrent, et se préparèrent en désespérés à une résistance opiniâtre.

CHAPITRE XII.

—

MORT DE PHILIBERT.

La fortune parut alors revenir aux assiégés. La ville de Volterra, on l'a vu, avait été reprise par les Impériaux commandés par le marquis du Guast. La citadelle seule était restée aux Florentins. Un vaillant et habile capitaine, Francesco Ferrucci, soldat d'une basse extraction, mais que ses brillantes qualités militaires avaient désigné à ses concitoyens pour lui confier la

(1) Abry d'Arcier.
(2) Sismondi.

conduite des entreprises les plus importantes, parut rétablir les affaires de Florence. Il marche à la tête d'un secours de 150 chevaux et de cinq compagnies d'infanterie vers Volterra, entre dans la citadelle qui tenait encore, descend delà dans la ville, force les retranchements construits par les Volterrans, et pénètre jusqu'au cœur de la place. Les habitants alors, attendant en vain l'arrivée des troupes qui devaient les secourir, se rendirent à discrétion.

Philibert, à la nouvelle de cette perte d'autant plus sensible que les habitants de Volterra étaient bien disposés envers l'empereur en haine des Florentins, envoya l'ordre au marquis du Guast de se diriger sur cette ville et de la reprendre à tout prix. Cet officier était alors à Empoli, dont il venait de s'emparer et d'y détruire les approvisionnements destinés à ravitailler Florence. Le marquis se hâta d'obéir, et le 12 juin il ouvrit ses batteries contre les murs de Volterra et y fit de larges brèches. Ferrucci lui-même fut grièvement blessé ; mais l'attaque des Impériaux n'eut pas de succès. Quelques jours après, le marquis du Guast, qui avait reçu du prince d'Orange un renfort d'artillerie, ouvrit de nouveau deux larges brèches à la place. Il en profita pour donner l'assaut ; mais Ferrucci, qui, malade des suites de sa blessure, se faisait porter dans une chaise à la tête de ses troupes, fit une telle résistance, qu'après un combat acharné, du Guast fut obligé de se retirer avec pertes.

Les Florentins profitèrent de ce désastre pour tenter un effort décisif contre l'armée des assiégeants. Ils firent une sortie avec toutes les forces dont ils pouvaient disposer, sans dégarnir les remparts, et tombèrent avec 3.000 hommes sur les lansquenets de Philibert. Ceux-ci, surpris d'abord par l'impétuosité de cette attaque, faiblissent au premier choc ; mais bientôt leur jeune général, accouru en toute hâte, les ramène au combat. Ils se défendent avec intrépidité et finissent par repousser l'ennemi, qui se retire ayant perdu beaucoup de monde et son chef étant mis hors de combat (1).

(1) La Pise.

Les assiégés n'en continuaient pas moins la résistance. Mais ils étaient réduits aux abois : la famine commençait à se faire sentir, plusieurs cas de peste avaient été signalés dans la ville, et les munitions faisaient défaut. Dans cette extrémité, le Conseil ordonna à Ferrucci de rassembler tout ce qu'il pourrait de troupes et de venir attaquer le camp des assiégeants, tandis que les Florentins le seconderaient par une vigoureuse sortie, en prenant ainsi les Impériaux entre deux feux (1). Ce fut le 14 juillet que ces instructions arrivèrent à Ferrucci. Il se hâta de réunir toutes les forces dont il pouvait disposer. Il ne put former que 20 compagnies, dont il laissa sept pour garder Volterra. Il se mit en marche avec les 13 autres dans une direction opposée à celle de Florence, pour cacher son but. Il passa par Pise, où ses quinze cents hommes furent renforcés d'un nombre à peu près égal, ensuite par Pistoye ; il arriva enfin à Gaviniana, bourgade située près de Pistoye.

Ce plan de campagne, bien exécuté, n'eût pas manqué d'être désastreux pour l'armée du prince d'Orange, sans sa vigilance et son intrépidité. Dès qu'il apprit le départ de Ferrucci de Volterra et qu'il le vit s'avancer par d'autres chemins que ceux qui conduisaient directement à Florence, il soupçonna une ruse ; il se tint donc sur ses gardes. Mais quand il sut que, malgré ses longs détours, il s'approchait de la ville assiégée, il n'hésita plus, et se porta vivement à sa rencontre pour lui barrer le chemin.

Philibert était parti de son camp le 1er août avec mille allemands autant d'espagnols, et quelques troupes italiennes. Il marcha toute la nuit, fit reposer ses soldats quelques heures, et arriva devant Gaviniana le 3 août, en même temps que Ferrucci. Celui-ci en entendant le tocsin sonner dans le village, connut l'approche de ses ennemis. Il ne voulut pas croire toutefois que le prince d'Orange lui-même eût quitté le siège pour venir à sa rencontre. Il n'hésita pas, il se porta de sa personne à la tête d'une division de son infanterie contre ses adversaires, à travers une rue de Ga-

(1) Abry d'Arcier.

viniana. Les espagnols de Philibert entraient en même temps par une autre rue. Ils se rencontrèrent au milieu du bourg, et combattirent avec acharnement. Le prince d'Orange, en même temps à la tête de sa cavalerie, tournait le village, et attaquait impétueusement celle de Ferrucci, restée en dehors des murs. Les cavaliers florentins tinrent ferme, et des arquebusiers mêlés dans leurs rangs, accueillirent les Impériaux par de violentes décharges qui effrayèrent et mirent en désordre les cavaliers de Philibert. Il les rallie avec peine, et pour leur donner l'exemple de l'intrépidité il s'avance au galop à travers la plaine, bravant le feu des Florentins. Son courage lui coûta la vie ; il fut frappé en même temps de deux balles (1), l'une au col, l'autre dans la poitrine. Il tomba de cheval ; il était mort.

Les Florentins, en voyant tomber le général ennemi, se crurent vainqueurs et firent retentir l'air de leurs cris, tandis que la cavalerie des Impériaux se repliait sur son infanterie. Celle-ci, moins nombreuse que la colonne conduite par Ferrucci, avait résisté pendant trois heures dans les rues de Gaviniana. Mais, épuisée par cette longue lutte, elle avait pris le parti de la retraite. Pendant qu'elle se ralliait et reculait en bon ordre, un corps de lansquenets, tenu en réserve, tombait à l'improviste sur l'infanterie florentine, dont la plupart des soldats se croyant vainqueurs et fatigués du combat s'étaient dispersés dans Gaviniana pour se reposer. Ferrucci n'avait auprès de lui que des officiers et un petit nombre d'hommes, quand il vit les redoutables lansquenets l'envelopper ; l'issue n'était pas douteuse. Mais le général vendit chèrement sa vie. Blessé de plusieurs coups mortels, il se rendit. Au même instant, un soldat qui ne le connaissait pas, le poignarda.

Plus de 2.000 morts des deux parts étaient restés sur le champ de bataille ; l'armée florentine était détruite et ses débris dispersés de tous les côtés. Le premier soin des Impériaux vainqueurs fut de recueillir le corps inanimé de leur malheureux général. Il fut

(1) Sismondi.

transporté d'abord dans une tente, puis dans un couvent de Chartreux situé à deux milles de là.

Florence, à la nouvelle de la perte de Ferrucci, était dans le deuil et l'effroi. Les habitants ne se dissimulaient pas que leur dernière ressource était perdue par la destruction de l'armée et la mort de Ferrucci; ils se voyaient toujours assiégés par l'armée impériale, commandée désormais par Ferdinand de Gonzague; épuisés par dix mois de siége, et ayant à redouter les suites d'un assaut, ils se rendirent. Ainsi Philibert mort, comme le connétable du Guesclin, obtenait un succès qu'il n'avait pu obtenir vivant. Ce jeune héros, devenu déjà un des plus illustres généraux de son époque, était moissonné le 3 août 1530, à 28 ans! « Sa vertu, dit l'historien de la Maison d'Orange (1), n'étoit encore qu'à l'aube de son bien faire, et semblable aux arbres qui portent beaucoup de ruits, il ne devoit pas durer longtemps. »

CHAPITRE XIII

Funérailles de Philibert

Le corps du prince d'Orange fut embaumé dans le couvent de Chartreux (2) où il avait été déposé, et, 15 jours après, il fut transporté à Bologne dans une litière portée par des colonels de son armée.

A peine la nouvelle de sa mort fut-elle parvenue à sa mère, qui

(1) La Pise.

(2) Nous trouvons dans un compte de dépenses du prince d'Orange les lignes suivantes : « 4 Aoust, payé pour baulme en une boite à mettre le cœur de Monseigneur, V escuz — pour torches et chandelles de cire priuses en pluseurs boutiques, 2 escuz, — Deux linceux, 2 escuz, — aux prestres de Pistoye qui accompaignèrent le corps de Monseigneur, 4 escuz, — au sacristain de Pistoye, pour avoir sonné les cloches et nectoyé le lieu où fust mis Monseigneur, XLV sols, — aux prestres qui ont gardé le corps la nuit, 2 escuz. » (Arch. du Doubs. E. 1290).

résidait à Nozeroy dans les montagnes du Jura, que, après les quelques jours donnés à l'immense douleur causée par la perte d'un fils si cher, cette femme virile parut sécher ses larmes, pour s'occuper des soins de sa sépulture. Elle se rendit à Lons-le-Saunier. Elle choisit cette ville, où Philibert était né, et où était enseveli Jean IV de Châlon son époux, pour recevoir et conserver les restes de son fils.

L'Empereur, qui, depuis quelque temps déjà, avait quitté l'Italie et s'était transporté en Allemagne, lui écrivit d'Augsbourg, le 11 août, en lui envoyant un de ses gentilshommes pour lui faire en son nom des compliments de condoléance et lui exprimer toute la part qu'il prenait à sa douleur (1). Philiberte de Luxembourg vivement touchée de cette marque d'intérêt le remercia, par une lettre du 17, que nous publions aux Pièces justificatives, et dans laquelle elle lui fait connaître son projet de faire les funérailles de son fils à Lons-le-Saunier, et le supplie que, « en souvenance des services que de si bon et si gros vouloir il s'est perforcé lui faire jusques à perdre la vie, » il veuille bien s'y faire représenter.

Elle ordonna ensuite de faire transporter le corps du malheureux Prince, de Bologne en Franche-Comté. Dès que la volonté de la mère fut connue, le convoi funèbre de son fils partit de cette ville, traversa une partie de l'Italie, passa le mont St-Bernard, et arriva à St-Claude dans le Jura le 12 octobre. Il se composait de ses domestiques revêtus de deuil et d'une escorte de gens de guerre, qui avaient servi sous ses ordres.

Pendant ce temps, on faisait les préparatifs des funérailles, et se réunissaient à Lons-le-Saunier les seigneurs non-seulement de la Franche-Comté et du duché de Bourgogne, mais même des pays étrangers et en particulier de la France. Le Dauphin François lui-même, le fils aîné du roi, enlevé par une mort prématurée quelques années plus tard, alors âgé de 11 ans, serait accouru aux obsèques d'un illustre guerrier, qu'il n'avait pas connu, mais que sa réputation lui avait fait admirer et aimer. Il aurait répondu à

(1) Abry d'Arcier.

l'invitation de Philiberte de Luxembourg, s'il n'avait pas été retenu par d'autres devoirs, et serait allé lui-même à Lons-le-Saunier « pour honorer le corps de celui qu'il aimait comme un frère »; ce sont les expressions de sa lettre ; mais il promit de s'y faire représenter par un gentilhomme.

Le 12 octobre, comme nous l'avons dit, le corps du défunt arrivait à St-Claude, où il était reçu par Antoine et Georges de Luxembourg, ses cousins, et par un grand nombre de gentilshommes. Il fut porté dans l'Église de l'abbaye magnifiquement décorée, et l'on y célébra un service solennel. C'est de là que commença la marche funèbre, ou plutôt triomphale, qui le conduisit dans un char traîné par des mulets jusqu'à Lons-le-Saunier. Le long du chemin, les populations s'assemblaient sur son passage, les églises étaient ornées de deuil et recevaient pour la nuit le cercueil, autour duquel les prêtres restaient en prière. Partout on lui rendait les plus grands honneurs comme à celui d'un souverain.

Quand on apprit que le cortège approchait, le neveu et héritier de Philibert, René de Nassau, fils de sa sœur, les ambassadeurs de l'Empereur, du roi de Hongrie, de Marguerite, comtesse de Bourgogne, du duc de Savoye, du duc de Lorraine, des cantons suisses, de la princesse d'Orange sa mère, les députés des villes, l'archevêque de Besançon, duquel dépendait Lons-le-Saunier, les évêques de Langres et de Genève, les magistrats de Lons-le-Saunier, et un peuple immense allèrent au-devant jusqu'à Conliège, bourg situé à plus d'une lieue.

« Là on se mit en marche, dit Abry d'Arcier; derrière le clergé venaient les officiers et gentilshommes de sa maison, puis la bannière papale, celle du peuple romain, et plus de 500 drapeaux conquis dans ses guerres ; le corps dans sa litière entouré de ses gardes ; ensuite les gentilshommes portant ses honneurs, son épée, son collier de la toison d'or, sa cotte d'armes, sa couronne ducale, son sceptre de vice-roi; ses quatre chevaux de bataille étaient conduits par des pages. Les quatre échevins de la ville portaient le poêle. Le cortège était fermé par 260 pauvres habillés de deuil et tenant une torche ardente armoriée. »

Le corps arrivé à Lons-le-Saunier dans la soirée du 23 octobre, fut déposé dans l'église de St-Désiré, entièrement couverte de draperies noires et illuminée. Il y passa la nuit au milieu d'un grand nombre de prêtres et de gentilshommes. . . . .

Le lendemain 24, jour des obsèques, le cortège se forma, plus nombreux et plus magnifique que la veille, pour se rendre à l'Église des Cordeliers, où le corps de Philibert devait être enseveli. Le long des rues qui conduisent de St-Désiré aux Cordeliers, toutes les maisons étaient tendues de noir, et des barrières de bois avaient été élevées à droite et à gauche, pour contenir la foule et supporter des centaines de torches ardentes, aux armes du prince. « Ce lugubre et pitoyable triomphe n'était interrompu que par des prières et des lamentations; tant on regrettoit la perte d'un prince si magnanime (1). »

Il fut déposé dans l'Église des Cordeliers, sur un catafalque monumental, qui atteignait la voûte, et les cérémonies des obsèques commencèrent. Nous n'en donnerons pas ici la longue description, que nous a laissée le vieil historien de la Franche-Comté (2). On la trouvera aux Pièces justificatives! Qu'il nous suffise de dire qu'elles égalèrent et même surpassèrent en magnificence bien des funérailles royales. Un détail peut faire juger de la somptuosité de ces cérémonies. Une partie de la muraille de l'Église avait été démolie, afin d'offrir une ouverture assez large et assez haute aux hérauts d'armes portant les bannières, qui entrèrent à cheval pour venir déposer les étendards devant le cercueil.

Quand tout fut terminé, Bourgogne, roi d'armes de l'Empereur, releva la bannière de la maison de Châlon et la présenta à René de Nassau, qui la prit comme seigneur de Châlon et prince d'Orange (3).

« Le poële ou drap mortuaire, qui avait servi aux obsèques, était en drap d'or, portant en bosse les armoiries des Châlon et de

(1) La Pise.
(2) Gollut.
(3) Abry d'Arcier.

leurs alliances, brodées en or, argent et soies de couleur. C'était un cadeau de Charles-Quint, d'autres disent du Pape. Philiberte de Luxembourg le donna aux Cordeliers. Ceux-ci le conservèrent et l'employèrent aux funérailles des grands personnages jusqu'à la Révolution. (1) » Ce drap fut envoyé à la Monnaie en 1793.

Le corps de Philibert fut placé dans le caveau, situé sous le chœur, où reposait le corps de son père. Les bannières et drapeaux furent suspendus à la voûte de l'Église. La bannière du peuple romain fut réclamée par la ville de Rome, qui offrit un grand prix pour la ravoir. Philiberte de Luxembourg refusa de la rendre. Les Romains, pour anéantir ce trophée de leur défaite, envoyèrent, quelques années après en 1536, deux hommes déguisés en Cordeliers, qui se firent admettre dans le couvent et mirent le feu aux étendards. Une partie de l'Église fut incendiée; mais les bannières et, avec les autres celle de Rome, furent consumées (2).

Le respect, on pourrait dire le culte, de Philiberte de Luxembourg, pour la mémoire de son fils, ne s'arrêta pas aux magnificences éphémères de ses funérailles. Elle voulut lui élever dans l'Église où il avait reçu la sépulture, un tombeau, dont la riche construction dépasserait le splendide mausolée, érigé récemment à Philibert-le-Beau, duc de Savoye, dans l'Église voisine de Brou; mausolée qui depuis près de quatre siècles fait l'admiration des visiteurs. Elle s'adressa, pour édifier ce monument à Jean-Baptiste Mario, architecte florentin, et au *tailleur d'images*, Conrad Meyt, sculpteur flamand, le même artiste qui venait d'exécuter les belles sculptures du tombeau du duc de Savoye. Un marché, dont nous avons eu l'original entre les mains (3), fut passé avec eux le 23 janvier 1531. Les travaux devaient être achevés en deux années, à partir du 1er avril suivant, moyennant 10.000

(1) Abry d'Arcier.

(2) Abry d'Arcier.

(3) Archives du château d'Arlay.

francs d'alors. On peut se figurer, d'après les détails du marché (1), que ce tombeau eût été l'une des œuvres d'art les plus remarquables de cette riche époque ; mais fut-il exécuté ?

La construction de la partie architecturale et la sculpture des statues furent commencées ; car, le 16 septembre 1532, Conrad Meyt donna quittance de 250 francs, et, le 22 novembre de la même année, Conrad Meyt et Jean-Baptiste Mario donnèrent chacun une quittance nouvelle de 100 francs, à valoir sur les « ouvraiges et imaiges » faits pour le tombeau du prince d'Orange (2). Qu'advint-il ensuite ? Quoique un auteur, cité par le Dictionnaire topographique du Jura (3), dise avoir vu ce monument en 1637, nous croyons pouvoir affirmer qu'il n'a pu voir que des constructions rudimentaires, et des ébauches de statues. En supposant même qu'il ait vu achevées quelques-unes de celles qui étaient destinées au tombeau, elles ne servirent jamais à leur destination. Nous préférons nous ranger au témoignage de Foderé, cité dans le même endroit, lequel écrivait en 1628 : « De fortes dépenses avaient été faites pour un grand nombre de belles statues ; mais elles ne furent pas posées et restèrent longtemps dans une chambre basse du couvent, d'où on en tira plusieurs pour les mettre autour du grand autel. » Toujours est-il que dans la tradition, il ne subsiste aucun souvenir, ni dans l'Église des Cordeliers aucune trace du tombeau de Philibert ; ce qui doit permettre de conclure, à notre avis, qu'il ne fut pas exécuté.

Peut-être, faut-il attribuer ce malheur, car c'est un malheur d'être privé d'une œuvre qui eut été une merveille, aux dissensions qui s'élevèrent entre Philiberte de Luxembourg et les tuteurs de son petit-fils, René de Nassau, et portèrent cette Dame à s'éloigner de Lons-le-Saunier et même de la Franche-Comté. Elle s'était fait préparer une place pour être ensevelie à côté de son mari et de son fils, mais, à cause de cet éloignement, elle fut enterrée dans l'Église d'un prieuré qui relevait de sa famille.

(1) Voy. aux *Pièces justificatives.*
(2) Arch. du château d'Arlay.
(3) Tome III, p. 605.

Aujourd'hui, le seul souvenir qui reste de la sépulture de Philibert de Châlon dans l'église des Cordeliers de Lons-le-Saunier, est une inscription gravée sur une pierre, encastrée de nos jours dans le mur d'une chapelle à gauche du chœur de cette église. Cette inscription est ainsi conçue : « Cy-git messire Phrt. de Chalon, prince d'Oranges, duc de Gravine, conte de Tonnerre et de Pointhièvre, viceroy de Naples, lieutenât-gnâl de l'âpereur en Ytalie, gouverneur de Bourgongne, qui morut le tiers jour d'Aoust XV• XXX. Dieu lui face paix. » Cette épitaphe était primitivement placée au-dessus du tombeau de Philibert dans le caveau de l'église (1).

La mémoire de Philibert de Châlon, conservée par tous ceux qui connaissent les Annales de la Franche-Comté, dont il a été l'illustre, sinon le plus illustre fils, s'est effacée parmi les populations de cette province. Elle a disparu même du cœur des habitants de Nozeroy, où il avait été élevé tout enfant, et qui avait toujours été l'objet de son affection. Cette ville, à l'époque de sa mort, conservait bien vivement le souvenir de son *bon seigneur* car, avant ses funérailles, et dès qu'on y sut que son corps allait arriver en Franche-Comté, les habitants de Nozeroy adressèrent une touchante

(1) Le sarcophage qui renferma les restes de Philibert est encore de nos jours dans le caveau funéraire de la maison de Châlon, placé sous le chœur de l'église des Cordeliers de Lons-le-Saunier, au milieu des cercueils de ses ancêtres. Ce caveau fut ouvert un peu avant 1860, lors de réparations faites au maître-autel, et l'on y trouva cinq sarcophages en pierre, hauts d'un mètre environ, sans ornements, rangés en ligne au fond de l'abside. Des pierres plates, portant des inscriptions, étaient accolées au mur, en tête de chaque tombe et permettaient de reconnaître le personnage qui y était enseveli. Ces pierres, par un vandalisme sacrilège, furent enlevées de la place qu'elles occupaient et transportées au musée de Lons-le-Saunier, où elles gisèrent oubliées pendant une vingtaine d'années. En 1879, M. l'abbé Bondon, alors vicaire de la paroisse, les fit réclamer, et choisit pour les exposer, non plus l'endroit qu'elles avaient occupé dans le caveau, mais la muraille d'une chapelle à gauche du chœur de l'église. C'est là qu'on voit encore incrustée dans le mur la pierre portant l'épitaphe citée ici. (*Renseignements fournis par M. l'abbé Bondon*).

supplique à Philiberte de Luxembourg, alors à Lons-le-Saunier, pour la prier de leur accorder le cœur de son fils. Ils le conserveraient pieusement dans une des églises de leur ville, qu'il lui plairait de désigner; « en considération, disaient-ils, de la nourriture qu'il lui a pleu y prendre, et de la grosse et merveilleuse amour qu'ils ont toujours eu et auront perpétuellement pour lui. » La réponse de Philiberte se faisant attendre, ils lui envoyèrent des députés porteurs d'une seconde lettre, dans laquelle ils lui adressaient la même supplication en termes plus pressants. Tout porte à croire qu'elle demeura infructueuse, comme la première. Du moins, nous n'avons pu trouver aucune mention, ni de l'intention de Philiberte de Luxembourg à cet égard, ni de la présence du cœur de l'illustre défunt à Nozeroy, et la tradition dans cette ville, n'en a conservé aucun souvenir. Bien plus, malgré les traces encore subsistantes du magnifique tournoi de 1519, Philibert y est aujourd'hui entièrement oublié, ou pour mieux dire presque inconnu de la population. Mais quoi d'étonnant, qu'après plus de trois siècles et demi, sa mémoire y soit effacée ? Il ne faut pas d'ordinaire une durée aussi longue pour produire l'oubli dans le cœur des hommes.

CHAPITRE XIV

CONCLUSION

—

Philibert de Châlon méritait mieux. Dans une vie si courte, il s'était illustré par de brillants faits d'armes ; il avait conservé Naples à l'Empereur, et rétabli sa domination dans tout le royaume ; par sa vigoureuse et habile résistance, il avait forcé les Français à sortir de l'Italie et à renoncer définitivement à des prétentions que trois souverains, Charles VIII, Louis XII et François I, avaient successivement soutenues pendant près de 40 ans les armes à la main et avec des fortunes diverses. Il avait terminé sa carrière par un triomphe, posthume il est vrai, mais obtenu par une incomparable bravoure. Doué des qualités qui font les grands généraux : valeur, intrépidité, science de la guerre, vigilance, perspicacité, sagesse, persévérance, il paraissait destiné à jouer un grand rôle dans l'histoire de son temps, les circonstances ne lui auraient pas manqué. Son souverain, ses compatriotes pouvaient espérer beaucoup d'un homme qui, si jeune encore, avait fait de si grandes choses. Les auteurs contemporains font de lui les plus grands éloges, et il nous est permis de croire, que si, à son aurore, le prince d'Orange figure avec honneur dans la pléiade des vaillants hommes de guerre de son époque, il serait devenu un des plus illustres généraux du XVIe siècle. La Franche-Comté, aujourd'hui française, peut saluer en lui le plus glorieux de ses enfants; la France elle-même, qui peut regretter que ce héros ne lui ait pas appartenu et ait été son ennemi, ne doit pas lui refuser son admiration.

La valeur et les grandes qualités militaires n'étaient pas les seuls avantages qui distinguaient Philibert de Châlon. On peut dire de lui qu'il maniait aussi bien la plume que l'épée ; témoin cette *histoire des grands capitaines*, malheureusement perdue pour nous. « Son éloquence égalait sa bravoure, et il n'a pas moins servi son prince par ses discours que par son bras. Il était en effet si puissant dans l'art de la parole, que l'empereur doit à cette qualité autant de conquêtes qu'à sa valeur. » Ainsi s'exprime son oraison funèbre (1). Gilbert Cousin, qui était son contemporain, dit de lui que « par son habileté et la grandeur de son génie il surpassait de beaucoup les autres princes de son temps. » Ces louanges paraîtront peut-être empreintes d'une exagération, que nous pouvons avouer, tout en l'excusant, surtout dans un écrivain originaire de Nozeroy ; mais elles sont un témoignage évident de l'admiration que Philibert imposait à ses contemporains.

» C'était, dit Brantôme (2), le prince du monde le plus libéral et le plus affable, et pour ce, fort aimé de chacun. » Cet éloge, en deux mots, fait assez connaître l'homme, pour que nous ne regrettions

(1) Citée par Dunod. *Hist. du C. de Bourg*, T. II.
(2) *Vies des grands capitaines étrangers.*

pas d'avoir de lui d'autre portrait moral. Il était grand de corps, gros à l'avenant, robuste et adroit aux exercices du corps. Il nous reste de Philibert de Châlon plusieurs portraits. Un a été publié dans l'Annuaire du Jura de 1851, avec la seule mention de *portrait du XVIe siècle*, sans indication de provenance. La Société d'Émulation de Lons-le-Saunier a fait frapper une belle médaille en bronze à son effigie, laquelle, malgré son mérite artistique, ne nous paraît offrir qu'un portrait de fantaisie. Nous dirons la même chose de deux portraits du même, gravés au XVIIe siècle, qui se trouvent au Cabinet des Estampes de la Bibliothèque nationale. Il en existe un, que nous croyons être du XVIe siècle, dans la collection de l'Empereur de Russie, à St-Pétersbourg. Nous ne le connaissons pas, mais nous avons eu le bonheur de trouver dans une collection de portraits au crayon du XVIe siècle, conservée au cabinet des Estampes, un portrait de Philibert assez grossièrement dessiné, mais qui a le mérite d'être contemporain. Nous en avons donné une reproduction en tête de cette histoire.

Philibert, on l'a vu, n'avait pas été marié. Il laissa deux filles naturelles : l'une, Françoise de Châlon, épousa un gentilhomme, l'autre, Jeanne de Châlon, se fit religieuse (1).

Il était, à sa mort, chevalier de la Toison d'Or, gouverneur du comté de Bourgogne, capitaine-général de l'armée impériale en Italie, vice-roi de Naples, prince de Melphe, duc de Gravina et d'Ascoli, honneurs et titres dont Charles-Quint avait récompensé ses services ; par sa naissance, il était prince d'Orange, comte de Tonnerre et de Penthièvre, baron d'Arlay, seigneur de Nozeroy, de Châtelbelin et d'une quantité considérable de seigneuries en Franche-Comté, puisque en qualité de baron d'Arlay seulement, plus de 800 vassaux dépendaient de lui (2). Rarement la mort détruit à la fois tant de jeunesse, de qualités, d'honneurs et de fortune, en frappant une seule tête ; mais celle qui enleva Philibert de Châlon a du moins été glorieuse, si elle a ravi tant d'avantages et brisé tant d'espérances.

(1) *Testam. de René de Nassau.* — Abry d'Arcier.
(2) La Pise.

On nous permettra de raconter ici quel a été le sort des domaines de la maison de Châlon en Franche-Comté.

Philibert était le dernier de cette illustre race. En mourant sans postérité, il laissait ses grands biens à René, comte de Nassau, son neveu. Devenu, à titre d'héritier, prince d'Orange et possesseur des seigneuries de Franche-Comté, René mourait lui-même en 1544, tué au siège de St-Dizier, sans enfants. Il avait fait son légataire Guillaume de Nassau, son cousin, connu depuis dans l'histoire sous le surnom de Taciturne, et fondateur de la république des Provinces-Unies. Le roi d'Espagne, souverain de la Franche-Comté, se vengea de sa rebellion en confisquant ses domaines ; mais après plus d'un demi siècle, ils furent rendus à sa postérité.

En 1662, la princesse d'Orange, en qualité de tutrice de son fils mineur, Guillaume Henri de Nassau, depuis roi d'Angleterre sous le nom de Guillaume III, s'était engagée à payer une somme de 600.000 florins (environ 1.300.000), à la comtesse douairière de Gand d'Isenghien, pour créances par elles dues. Le premier terme seul fut versé en 1663, et des 500.000 florins qui restaient dus, ni capital, ni intérêts ne furent payés pendant plus de 20 années. Enfin, après plusieurs réclamations qui n'aboutirent pas, le prince Jean-Alphonse d'Isenghien, fils de cette Dame, obtint un arrêt du Parlement de Besancon, qui lui adjugeait les terres de Franche-Comté en garantie de sa créance. De sorte que, en 1684, le même Parlement, par un arrêt, confirmé par Lettres-patentes de Louis XIV, devenu souverain de la province, déclarait légitime la saisie ou *mise en décret* de ces Domaines, opérée par le prince d'Isenghien. Celui-ci s'en rendit acquéreur et la propriété s'en est conservée dans ses descendants.

Lorsque, en 1697, par le traité de Ryswick, Louis XIV restitua au roi d'Angleterre, Guillaume, les biens situés en France, confisqués sur lui pendant les guerres où il était son ennemi, celui-ci prétendit étendre cette restitution aux seigneuries de la Franche-Comté. Mais après un procès, qui ne fut terminé qu'au bout de quelques années, il fut déclaré que la restitution ne s'appliquait pas aux domaines aliénés par une toute autre cause que la confiscation, et le prince Louis d'Isenghien, depuis maréchal de France, fut confirmé dans tous ses droits de propriété.

La seule héritière du maréchal, sa nièce, mariée au comte de Brancas de Lauraguais, jouit de ces domaines de Franche-Comté jusqu'à sa mort prononcée par le tribunal révolutionnaire en 1794.

Sa fille unique, qui avait épousé le prince et duc d'Arenberg, sorti d'une branche de l'illustre maison de Ligne, put craindre de voir ses biens confisqués et vendus, en vertu de l'arrêt de condamnation de sa mère. Mais quelques années plus tard, une législation plus douce ayant déclaré que les propriétés confisquées, non aliénées, seraient rendues à leurs anciens possesseurs, elle recouvra en grande partie ses terres de Franche-Comté. Aujourd'hui le propriétaire de ces domaines importants, quoique diminués par différentes causes, est le prince Auguste d'Arenberg, son petit-fils; sa résidence est le château moderne d'Arlay, bâti près des ruines magnifiques de l'ancien château, chef-lieu de la baronnie des Châlon, princes d'Orange.

PIECES JUSTIFICATIVES

TESTAMENT DE JEAN IV DE CHALON, PÈRE DE PHILIBERT (EXTRAITS)

(Archives du château d'Arlay)

Au nom de la sainte et indivise Trinité, du Père, du Filz et du benoît Saint-Esprit, amen. Nous, Jehan de Châlon, prince d'Oranges, comte de Tonnerre, de Pointhièvre, seigneur d'Arlay et de Chastelbelin, sain d'entendement et de pensée, combien que nous soyons enferme et malade de nostre corps, considérent qu'il n'est chose plus certaine de la mort..... faisons, condissons et establissons nostre testament et dernière volunté en la forme et manière que s'ensuit.....

Item, nous eslisons la sépulture de nostre corps en l'esglise du couvent des frères mineurs de Lons-le-Salnier, amprès de feue nostre très chière et très amée compaigne dame Jehanne de Bourbon, que Dieu absoille, en laquelle esglise nous voulons et ordonnons que doresenavant et à tousjours soit dicte une haulte messe qothidiane par les frères religieux dudit couvent, à diacre et soubdiacre, tant pour le remède et salut de nostre âme, que de nos prédécesseurs et successeurs .... laquelle messe nous doctons et fondons dès maintenant de la somme de soixante livres d'annuelle et perpétuelle rente, que nous assignons..... en la grande saunerie de Salins....... Item, nous donnons à chacune des esglises cy-après nommées, assavoyr, aux couvens des frères myneurs de Dole, Salins, Nozeroy, Châlon, Lons-le-Salnier, Besançon, et aux sœurs religieuses des couvens de Poligny, Orbe, Besançon, Seurre, à ung chacun desdits couveus la somme de vingt-cinq francs pour une fois.......

Item, nous ratiffions et approuvons le contenu en traicté de mariaige de nous et de nostre très chière et très amée compaigne, dame Philiberte de Luxembourg, princesse d'Oranges, affin qu'elle soit tousjours plus tenue d'avoir noz enffants et les siens en bonne et singulière recommandation, lesquelz de tout nostre cœur lui recommandons. Item, et affin qu'elle soit tenue de prier Dieu pour nous et avoir en singulière recommandacion nosdits enffants, nous donnons et légons à icelle nostredicte compaigne la somme de douze cens frans, monnoye, de rente à prendre et percepvoir chacun sur le revenu de la dite Saulnerie. Et en cas qu'elle convole cy-après aux secondes nopces, nous voulons que dès lors ladicte somme revienne de plain droict à notre héritier cy-après nommé. Item, nous donnons et légons à nostre très chière et très amée fille, Claude de Châlon, la somme de cent mille frans ..... pour une fois, et en ce, nous la faisons notre héritière, et pour tant voulons qu'elle soit contente de notre succession et hoirie. Item, nous donnons et légons à noz serviteurs, à ung chacun d'eulx, la somme de cent escuz pour une fois, ... en oultre ce qui leur peut estre dehu pour leurs gaiges du temps passé .....

Item, et au surplus de tous et singuliers noz biens, droiz et actions quelconques, ... nous faisons, instituons et nommons de nostre propre bouche nostre héritier universal, seul et pour le tout, nostre très chier et très amé filz, Philibert de Châlon, seigneur d'Arguel, parmi ce qu'il sera tenu de paier tous nos clams et debtes, faire nos fraiz funéraulx en saincte esglise, accomplir noz pieulx legaulx, et supporter toutes les charges contenues en cedict notre présent testament. Item, nous voullons et ordonnons que, au cas que l'ung de nosditz filz et fille, Philibert et Claude, yroit de la vie à trespas sans enffans ou enffant de son corps, nés en loyal mariaige . . . . nous, oudit cas, dès maintenant instituons et substituons de plain droict . . . . nosditz filz et fille l'ung à l'aultre, en tous leurs biens, quelx-qu'ilz soient, tant meubles que immeubles, tant en notre principalté d'Oranges, que tenons en souveraineté, que en tous aultres biens . . . . .

Item, nous voullons et ordonnons, que se nous alons de vie à trespas, avant que nostre très chier et très amé filz, Philibert de Châlon et nostre très chière et très amée fille Claude de Châlon, et audementiers qu'ilz demorront et seront pupilles et moindres d'ans, en ce cas nous voullons et ordonnons que notre très chière et très amée compaigne, dame Philiberte de Luxembourg, princesse d'Oranges, soit et demeure tutrix et légitime administratrix des corps et biens de nosditz enffans pour iceulx régir et gouverner ainsin que en elle en avons notre confiance, et sans ce qu'elle soit tenue de faire aucung inventaire, ne rendre aucung compte à quelque personne que ce soit . . . . Item, nous faisons et nommons exécuteurs de ce notre présent testament nos très chiers et très amez cousins, Messires Henry, seigneur de Neufchastel et d'Espinal, et Girard de Longvy, seigneur de Gyvry et de Paigny . . . . Et affin que ce présent testament soit vallable et demeure en sa force et vigueur, nous avons prié, requis, obtenu et faict mectre les séelz de la court de l'official de Besançon, ensemble et avec le séel de nostre très redoubté et souverain seigneur Monseigneur l'Archiduc d'Austriche, duc et comte de Bourgogne . . . . Faict et passé en nostre chastel de Lons-le-Saulnier, en la chambre estant en la Tour, près la galerie devers le soleil levant, le sixiesme jour du mois d'avril après Pasques, l'an mil cinq cens et deux, présens les tesmoings.

. . . . Signé : De Vars, De Mouget, notaires.

LETTRE DE CHARLES-QUINT, ROI D'ESPAGNE, A PHILIBERT DE CHALON.

(12 août 1518). — (*Arch. du château d'Arlay.*)

Mon cousin, je vous tiens recordz comme vous ay déclairé qu'aviez été esleu, ou dernier chapitre que j'ay tenu de mon ordre de la thoison d'or, en chevalier et confrère d'icelluy ordre, et que lors me requistes surceoyr la présentacion du colier dudit ordre pour l'espace d'ung an, promettant que en dedens icellui an, jà expiré, vous l'accepteriez. Ensuivant quoy, j'ay délibéré vous envoyer le colier de mondit ordre, par mon roy d'armes Thoison d'or, dont vous ay bien voulu avertir pour sur ce entendre vostre responce, affin que ou chappitre général dudit ordre, que suis délibéré en brief tenir en mes royaumes de pardeçà, je sache ordonner et disposer de vostre lieu et place comme il conviendra. Priant Dieu, mon Cousin, vous avoir en sa garde. Escrit en ma cité de Sarragoce, le XIIe jour d'aoust XVIII.

(autog.) Vostre Cousin,

Charles

Pannart.

LETTRE DE L'EMPEREUR MAXIMILIEN A PHILIBERT DE CHALON

(3 novembre 1518). — (*Arch. du Doubs.* E. 1296).

Très chier et féal cousin, nous sommes très joyeulx de ce que vous avez esté érigé et choisy ou nombre des chevaliers de nostre Ordre de la Thoison d'or . . . . En continuant à ce, sommes en vouloir et entièrement résolu vous faire et créer chevalier de nostre main, et emprès vous mectre et bailler nous-mesmes le colier dudict ordre; et à ceste fin, avons puis naguères escript à nostre bon filz le roi catholique.

. . . . Et vous signiffierons le jour et lieu où entendons vous le délivrer pour selon ce vous reigler. A tant, très chier et féal cousin, Nostre-Seigneur soit garde de vous. Donné en nostre ville d'Ausbourg, le III[e] jour de Novembre l'an XV[c] XVIII.

A nostre très chier et féal cousin le prince d'Oranges, gouverneur de Bourgongne.

LETTRES-PATENTES DE FRANÇOIS I EN FAVEUR DU PRINCE D'ORANGE

(14 juillet 1519). — (*La Pise*).

François, par la grâce de Dieu, etc. A nos amez et féaux les Gouverneur, son lieutenant, gens de nostre court de Parlement de nostre pays de Dauphiné, salut et dilection. Nostre très-cher et amé cousin, Philibert de Châlon, prince d'Orange, nous a fait dire et remontrer, que jaçoit ce que par plusieurs et réitérées fois, par nos lettres-patentes, nous vous ayons commandé par cy-devant, ordonné et enjoint très expressément, mettre à pleine et entière délivrance à nostredit cousin ladicte principauté d'Orange, saisie et mise en nostre main, tant à cause de la révocation et réunion à nostre domaine dalphinal des choses aliénées d'icelluy par nos prédécesseurs, tout ainsi que auparavant ladicte révocation et réunion; ce néantmoins, en procédant par vous à l'entérinement de nosdictes lettres, ouies les causes et raisons alléguées, tant par nos advocat et procureur de nostredicte court que par nostredict cousin, avés par vostre arrest et ordonnance dit et déclaré que icelluy nostredict cousin jouirait des fruicts, proffits, revenus et émolumens, juridiction ordinaire, premières et secondes appellations de la dicte principauté, réservé à nous le droit des dernières appellations, ressorts, souverainetés et hommages, et autres choses contenues en iceux hommages et contracts autrefois sur ce faicts et passés; et en outre avés ordonné, que en signe de souveraineté, nos armes dalphinales, à présent mises et apposées ès portes de la cité d'Orange, y seront et demeureront, qui est, par ce moyen rendre à nostredict cousin nosdictes lettres illusoires et de nul effet et valeur, lequel à ceste cause nous a fait supplier et requérir luy pourveoir sur ce de nostre grâce : Pourquoy est-il que nous, les choses dessusdictes considérées, et les causes et raisons alléguées par nosdicts advocat et procureur généraux à plein entendues, et ayant aussi esgard et considération au contenu des lettres que nostre feu seigneur luy octroya, les services qu'il et ses prédécesseurs ont fait à nous et à la couronne de France, et la proximité de lignage dont il nous atteint, et pour autres grandes et raisonnables causes et considérations à ce nous mouvans, avons de nostre certaine science, grâce spéciale, pleine puissance et autorité royale et dalphinale, par ces présentes dit, déclaré et ordonné, disons, déclarons et ordonnons, voulons et nous plait par ces présentes, que nostredict cousin jouisse et use entièrement de la souveraineté en sadicte principauté d'Orange, tout ainsi par la forme et manière qu'il faisoit auparavant ladicte main-mise, laquelle, pour quelque cause ou occasion qu'elle ait esté faite, nous avons derechef, en tant que besoin est ou seroit, levée et ostée, levons et ostons à pur et à plain, de nosdictes grace et autorité par cesdictes présentes, au profit de nostredict cousin. Si vous mandons, et commandons, et très expressément enjoignons etc .. . . .

Donné à St-Germain-en-Laye, le 14e jour de juillet, l'an de grace 1519, et de nostre règne le 5e. Signé : FRANÇOIS; et plus bas, Par le roy-dauphin : ROBERTET.

LETTRE DE CHARLES-QUINT, A PHILIBERTE DE LUXEMBOURG

(3 Mai 1519) — (*Arch. du Doubs. E.* 1296).

Ma cousine, je vous advise que suis esté joieulx de la venue de mon cousin le prince d'Oranges, vostre filz... Je l'ai trouvé plein de bon vouloir et de si bonne sorte, que j'espère recevoir de lui du bon service. Et pour commencer à luy démonstrer l'affection que je luy porte, je luy ay donné mon ordre de la Thoison d'or, et avec ce l'ay faict capitaine de cinquante lances de mes ordonnances, et suis délibéré tousjours le bien traicter et le croistre en estat, honneurs et biens, comme son bon roy et maistre. Je l'ay retenu pour m'accompaignier en mon passer en Angleterre, et quand serai arrivé en mes pays de par delà, je l'envoieray vers vous, soubz espoir que le me renvoierez bientost, affin que je l'aye continuellement près de moy. Priant Dieu, ma cousine, vous avoir en sa garde. — Escript à la Couroigne, le IIIe jour de May.

(autog.) Charles.

LETTRE DE CHARLES-QUINT A PHILIBERT DE CHALON

(3 août 1519). — (*Arch. du Doubs*. E. 1296).

Mon cousin, j'ay mandé les électeurs et autres princes du saint Empire eulx trouver et assembler en la ville d'Ayz, au jour de St-Michiel prochain venant, pour procéder et entendre ou faict de mon sacre et coronacion comme roy des Rommains, ainsi que l'on est accoutumé faire en tel cas; et pource que j'entens que nos prédécesseurs, roys des Rommains pour semblable acte ont accoustumé de aller et faire leur voiaige audit lieu d'Ayz en armes, bien et honorablement accompaignez de leurs parens, féaulx et serviteurs et que desire sur ce ensuyr les traces de nosdictz prédécesseurs; j'ay avisé de requérir vous et autres mes féaulx serviteurs m'accompaigner en l'estat que dessus en mondict prochain voiaige d'Ayz, et que chacun face habiller ses gens et serviteurs de mes couleurs, rouge, blanc et jaulne. Si vous veullez incontinent préparer et faire montre, armer et tenir prest vos gens et serviteurs, le plus honnestement que pourrez, pour m'accompaigner oudict voiaige, et que pour ce soyez devers moy, en l'estat que devez, quelque part que je seray, le XXe jour du mois prochain. A tant, mon cousin, Nostre Seigneur soit garde de vous. — Escript à Gand, le IIIe Jour d'Aoust (1519).

Charles.

TOURNOI A NOZEROY

En Décembre 1519 et Janvier 1520

(Dunod, *nobil. du comté de Bourg.* p. 300).

Philibert de Châlon donna une fête d'armes en son château de Nozeroy au mois de septembre 1518, et au mois de décembre 1519, il se fit encore une fête en ce château, dont je donne ici la description, tirée d'un ancien manuscrit,.... pour faire voir quelle en étoit la forme au comté de Bourgogne, et parceque c'est la dernière que je sache qu'on ait eu en cette province.....

Proclamation du tournoi

« Or ouiés, or ouiés, or ouiés.

« Six gentilshommes font à sçavoir à tous nobles hommes les choses qui s'ensuivent.

« A sçavoir, que lesdits gentilshommes ont entrepris à la gloire de Dieu, de la bienheureuse Vierge sa mère, et de Mgr. saint George bon chevalier, que le lendemain de Noel, jour Monsieur saint Estienne, lesdits gentilshommes se trouveront de bonne heure sur les rangs, armés de toutes pièces en harnois de guerre, gardans une barrière, la lance au poing, pour combattre ceux que venir y vouldront, tant à coups de lances, et après tourner le gros bout pour en combattre chacun qui mieulx le pourra, et après mettront la main à l'épée à une main pour combattre tant et si longuement que Messeigneurs les Juges à ce ordonnés vouldront.

« Outre plus lesdits gentilshommes font à sçavoir, que, le jour Monsieur saint Jean l'évangéliste, ils se trouveront de bonne heure sur les rangs, gardant ladite barrière à l'encontre de tous ceux que venir y vouldront, pour donner et ruer un jet de pertuisane, puis mettront la main à l'épée à deux mains pour en combattre tant et si longuement que par Mesgrs. les Juges sera ordonné.

« Le troisième jour, qu'est le jour des saints Innocents, lesdits gentilshommes, pour l'honneur et révérence desdits saints, cesseront leurs armes pour ce jour.

« Le quatrième jour, qu'est le jour de Monsieur saint Thomas, lesdits gentilshommes se trouveront sur les rangs de bonne heure, armés de toutes pièces et la hache au poing, pour combattre tous ceux que venir y vouldront, tant et si longuement que par Messeigneurs les Juges sera ordonné.

« Item, le cinquième jour ensuivant, lesdits gentilshommes se trouveront en armes, la haulte pièce traiglée à losanges, montés sur un cheval de mesure et à selle rase, pour courre à lance ferrée et assyrée, à l'encontre de tous ceux que venir y vouldront, si longuement que par Messeigneurs les Juges sera ordonné.

« Le sixième jour ensuivant, lesdits gentilshommes se trouveront en armes, gardant un bastillon, à l'encontre de tous ceux que venir y voul-dront pour l'assaillir, et combattront les assaillants contre les défendeurs, si longuement que par Messeigneurs les Juges sera ordonné.

« Oultre plus, lesdits gentilshommes entendent et veuillent que le tout desdites armes, tant pour les soutenants que venants, se réglera par Messeigneurs les Juges.

« Item, que le jour Monsieur saint Estienne, du matin au soleil levant, se trouvera un arbre chargé d'oranges, et, audessus d'icelui, seront posés et mis les blasons des armes desdits gentilshommes soutenants, comme dessus est dit, lequel arbre sera gardé tout ce jour par officiers d'armes.

« Item, que les venants du dehors, qui auront désir de combattre lesdits Entrepreneurs, seront tenus d'apporter leurs écus armoyés de leurs armes, et icelles mettre en la main d'un hérault ou officier d'armes pour les attacher et poser en l'arbre dessus dict, et seront enregistrés pour combattre par ordre, comme il sera ordonné par Messeigneurs les Juges.

« Item, que lesdits Entrepreneurs fourniront de lances, épées et haches, qui seront mises ès mains de Messeigneurs les Juges, pour en délivrer aux venants du dehors le choix.

« Item, que toutes lesdites armes achevées, seront délivrés prix par les Dames à ceux qui mieulx auront desservi. »

L'an 1519, le 24e jour du mois de décembre, veille de Noel, au château de Noseroy, en la présence de Mgr. le prince d'Orange, gouverneur et lieutenant-général de Bourgogne, et de Madame sa mère, accompagnés de cent nobles hommes ou environ, est advenu ce qui s'ensuit :

Six nobles hommes, tous compaignons, par un hérault firent crier et publier plusieurs faits d'armes, par chapitres et articles, comme ci-dessus est escript :

Oultre plus le lendemain de Noel, qu'était le jour Monsieur saint Estienne, lesdits six nobles Entrepreneurs ont prié et requis quatre nobles hommes estre juges de leur entreprise, tant de tous leurs faicts, comme de venants de dehors, lesquels juges ont été nommés, Messire Charles de Poitiers, seigneur de Vadans, Simon de Chantrans, seigneur de Courbouzon, Claude de Salins, seigneur de Vincelles, et Aymé de Ballay, seigneur de Terrans.

Ledit jour Mgr. saint Estienne, lesdits Entrepreneurs envoyèrent leurs blasons armoyés de leurs armes à Messgrs. les Juges pour les mettre et poser là où il seroit par eux ordonné.

Entre lesdits blasons, fut connu celui dudict prince d'Orange, ceulx de Jean du Vernoy, Jean de Fallerans, Claude de Visemau, Jean de Chantrans et Jean Génevois.

Le 27e dudit mois de décembre, jour de fête Mgr. saint Jean, Messgrs. les Juges, accompagnés de trompettes et de héraults, firent poser et mettre les armes dudit seigneur prince à un arbre chargé d'oranges, auquel arbre fut attaché ledict blason, et dessous icelui blason furent attachés les autres blasons de ses compaignons devant nommés, dessous lesquels sont esté attachés les blasons et armes des nobles gens venant pour faire armes à l'encontre des dessus dits, selon le contenu desdits chapitres.

Le premier blason des armes desdits venants a esté de celles :

D'Antoine de Luxembourg, comte de Bussy, en après celles du seigneur de Montferrand, Claude de Vienne, Loys de Sugny, Claude de Bussy, Hartault de Fallerans, Henry de Cossonay, Christophe Bouton, Jean de Beaurepaire, Claude de Beaurepaire, Marc du Vernoy, Hugues Proudon, Marc de Sugny, Philippe Guierche, Claude d'Anglure, Aymé de Maigly, Henri Boisselet, Martin de Plessy, Pierre de Bran, Simon de Champaigne, Jacquelin d'Engolevans, Jacques de Brancion, Philippe de Fallerans, Jean du Tartre et François d'Ancone.

Cedit jour, ledit seigneur prince, l'un des soustenans, pria le seigneur de Montferrand vouloir estre son aide et sonstenant, en ensuivant la coutume en tel cas, lequel l'accepta. Messgrs. les Juges, advertis de ce, ordonnèrent à un hérault d'aller détacher les armes dudit seigneur de Montferrand, pour les aller attacher dessous les armes dudit prince.

Ledit jour de Mgr. saint Jean, à une heure après midy, les six nobles hommes entreprenants, étant en armés, la lance au poing, l'épée au costel, richement accoustrés, se sont présentés par devant MMgrs. les Juges pour fournir et accomplir leurs armes, le contenu esdits chapitres, eulx offrant ainsi le faire, et successivement se sont tirés à la barrière, pour la garder et défendre à l'encontre de tous venants. Tost après, se sont trouvés sur l'autre costel de ladite barrière, les vingt-six nobles hommes devant nommés, armés de toutes pièces, la lance au poing et l'épée au costel, lesquels tous par ensemble se sont présentés par devant MMgrs. les Juges, en offrant faire leur léal debvoir, selon le contenu des chapitres dessusdits, et par les Juges furent renvoyés en leur lieu et place, lesquels ont tous combattu deux contre deux, à coups de lances, tourné le gros bout de la lance, et après ont combattu à l'épée à une main, tant et si longuement que par MMgrs. les Juges fut ordonné.

Cedit jour ont été blessés jusqu'à effusion de sang, de coups d'espées : à sçavoir Claude de Vienne en la teste, Claude d'Anglure au bras; semblablement a esté porté par terre un homme d'armes des soutenants, nommé Jean de Chantrans, d'un coup du gros bout de la lance, par Claude de Bussy seigneur de Vescles; en oultre a esté donné un coup d'épée sur la crête d'un armet, et aussi ont esté rompues dix espées; le tout achevé pour ledit jour, comme dessus est dit.

Le jour ensuivant, 28e dudit mois, jour des Innocens, pour l'honneur d'iceulx, lesdits Entrepreneurs ont cessé leurs armes tout le jour.

Ce même jour, en la maison dudit seigneur prince, il y eut un gentilhomme breton, qui fit sçavoir à tous, que à l'heure de deux après midi, il se trouveroit sur les rangs pour prêter le collet à la lutte d'un chacun; et celui qui mieulx feroit auroit pour prix un pourpoint de satin, qui lui serait délivré par Messgrs. les Juges. Laquelle lutte fut faite par devant ledit sgr. prince, les Dames, nobles et tous autres que venir y voulurent. Ledit Breton en abattit six, l'un après l'autre, et le septième nommé Parigny, qui est de ce comté de Bourgogne, eut trois prises de lutte avec ledit Breton, et l'abattit trois fois dessous lui, pour laquelle cause MMgrs. les Juges lui délivrèrent le prix dudit pourpoint de satin.

Le 29e jour dudit mois, qu'était le jour de fête de Mgr. saint Thomas, ledit sgr. prince d'Orange, ensemble ses compaignons, armés de toutes pièces, la pertuisane au poing, à l'autre l'épée à deux mains, se sont présentés par devant MMgrs. les juges, richement accoustrés, iceulx offrant d'accomplir leurs armes et emprises, comme le contenoient lesdits chapitres cy-devant escripts. MMgrs. les juges les renvoyèrent à la barrière pour la garder et défendre à l'encontre de tous venants.

Et successivement tost après, trente quatre nobles hommes armés de toutes pièces, la pertuisane au poing et l'épée à deux mains, comme dessus est dict, se sont présentés par devant MMgrs. les Juges, qui les renvoyèrent de l'autre costel de la barrière, leur ordonnant qu'ils combattroient par ordre, deux à l'encontre de deux des Entrepreneurs, jusqu'à ce que le tout fut parachevé pour ce jour.

Pour ouvrir le pas, se sont présentés deux des Entrepreneurs, à sçavoir ledit prince d'Orange et Jean du Vernoy, ayant la pertuisane au poing et de l'autre l'épée à deux mains.

De l'autre costel de la barrière, se sont présentés deux des assaillants, à sçavoir, le sgr. de Montferrand et Mre. Louis de Sugny, ayant semblablement la pertuisane au poing et l'épée à deux mains. Au premier coup de trompette, en marchant l'un contre l'autre, se sont rués chacun un coup de pertuisane, et après ont combattu à l'épée à deux mains tant qu'il a plu à MMgrs. les Juges.

Jean Genevois et Jean de Chantrans, Entrepreneurs, se sont semblablement trouvés à la barrière, pour fournir et combattre contre deux autres assaillants ; et de l'autre costel ont comparu deux autres nobles hommes, nommés Claude de Bussy et Hugues Proudon, tous ayant la pertuisane au poing et à l'autre l'épée à deux mains, et ont combattu comme les précédents.

En après, deux autres entrepreneurs, Jean de Fallerans, et en absence de Claude de Visemau, le sgr. de Villelepot soustenant pour ledit de Visemau, ont comparu à la barrière comme les précédens, et de l'autre costel Claude de Bussy et Simon de Champaigne qui ont combattu comme les précédens; et n'est à obmettre, que ledit de Fallerans entrepreneur, combattist contre ledit sgr. de Bussy étant de ceux du dehors; et après qu'ils eurent jeté la pertuisane, combattirent à l'épée à deux mains; lequel comte donna un si grand coup d'épée audict de Fallerans sur l'armet, qu'il lui fit mettre les genoux au sable.

Ledit sgr. prince d'Orange pour ce jour en sa personne combattist huit hommes d'armes, et n'est à obmettre, qu'il donna un coup d'épée sur la crête de l'armet de Philippe de Fallerans, en sorte qu'il fut contraint desnicher de la barrière de trois pas en reculant et ne put plus combattre pour ce jour.

Jean de Vernoy, l'un des soustenans, combattist pour ledit jour sept hommes d'armes des assaillans, rompit par bien frapper une épée par la croisée, une par la poignée et une autre par la pomme, en ployant la croisée d'icelle.

Jean de Fallerans, soustenant, pour cedict jour combattist cinq hommes d'armes des assaillans, et rompist le pommeau d'une épée.

Et après, M. de Villelepot soustenant pour Claude de Visemau, combattist quatre hommes d'armes. Jean de Chantraus en combattist deux et put ne plus combattre, pour ce qu'il fut blessé en la main. Jean Genevois entrepreneur, combattist pour ledit jour six hommes d'armes des assaillans.

Ledit sgr. de Montferrand, comme assaillant et le premier d'iceulx, combattist contre ledit sgr. prince d'Orange, et, lui donna de la pertuisane en la garde du genou. Pour abréger, tous les venants combattirent de la pertuisane et de l'épée à deux mains, en sorte qu'il y eust plusieurs épées rompues, et plusieurs bassinets et armets enfoncés, garde-bras avalés, gantelets coupés, et plusieurs blessés aux mains jusqu'à effusion de sang. C'est ce qui fut fait pour cedit jour.

Le pénultième jour dudit mois de décembre, l'an que dessus, au château de Nozeroy, en une salle basse, s'est trouvée faicte une lice tendue de toile pour courre à la selle raze; en laquelle salle ont esté allumées environ cinq douzaines de torches à heure de huit de nuit; en laquelle se sont trouvés MMgrs. les Juges en un échaffaud bien tapissé, et auprès d'icelluy, un autre qui était semblablement richement tapissé, où étoit Mme la princesse d'Oranges, accompagnée de plusieurs dames et damoiselles richement accoustrées.

Tost après le sgr. prince d'Orange et le sgr. de Montferrand, compaignons en armes à ce, se sont trouvés montés sur chevaux de mesure et à selle raze, armés de toutes pièces et en harnois de guerre, la haulte pièce traiglée de fer et à losanges, richement accoustrés, tous d'une parure, lesquels se sont présentés en ladite salle à l'heure de neuf de nuit, par devant MMgrs. les Juges, eulx offrant courre à selle raze contre tous venants, et contre un chacun cinq courses de lance.

N'est à obmettre que Mre. Claude de Salins avoir esté éleu juge avec trois autres nobles hommes. Une Dame ayant ouï dire que ledict chevalier aultres fois avoir couru à la selle raze, luy a fort prié qu'il voulsist courre à ladite selle raze. Ledit chevalier fit ses excuses, qu'il étoit prescript désormais de ce faire, attendu qu'il avoit de âge 57 ans à trois mois près. Mais voyant que derechef la dite dame lui commandoit qu'il acceptast, incontinent il monta à cheval, armé de toutes pièces, pour aller encore à ladite selle raze, accompagné de Antoine de Luxembourg, cte. de Bussy, et de plusieurs aultres nobles hommes.

Ledit sgr. prince d'Orange, l'un des soustenans, a couru le premier à l'encontre de Jean de Falletans, et il fit une atteinte et rompit une lance sur ledit de Falletans.

En après ledit sgr. prince a couru à l'encontre de Jean du Vernoy, et de la première course, icelui prince rompit sa lance, et ledit Jean du Vernoy aussi; de la seconde, il rompit Jean du Vernoy, et de la troisième, ils rompirent tous deux. A dire vérité, ledit sgr. prince alla par terre de son coup même, pour ce qu'il estoit chargé de plançon.

Après a couru ledit seigneur de Montferrand, second sousteenant, à l'encontre du chevalier de Salins, et de la première course, leurs lances estant demi plançon, ledit de Salins fit attainte en la teste. De la seconde tous deux firent attainte, et de la troisième firent de bonnes attaintes; en sorte que l'arrest du sgr. de Montferrand fust rompu, pour laquelle cause ne put plus courre. MMgrs. les Juges voyant ce, ordonnèrent auxdits deux soustenans que le remanant de leurs courses cesseroit jusques au lendemain.

Le dernier jour dudit mois de décembre, à heure de huit du soir, MMgrs. les Juges se sont tirés en ladite salle, et se sont mis comme cy-devant, et emprès d'eulx, l'échaffaut des dames et damoiselles.

Et tost après le sgr. prince d'Orange, le sgr. de Montferrand, son soustenant, et Jean du Vernoy, tous compaignons et entrepreneurs, montés sur chevaux de mesure et à selle raze, se sont comparus en ladite salle par devant MMgrs. les Juges, lesquels les ont renvoyés au bout de la lice pour attendre tous venants.

Incontinent, comparut le chevalier de Salins, monté et armé comme dessus; et après comparurent François d'Ancône, Jean Génevois, Claude de Scey, Marc du Vernoy, Vaulgrenans et Marnoz.

Ledit sgr. de Montferrand a premier couru à l'encontre du chevalier de Salins, lequel rompit de pleine atteinte sa lance à l'encontre dudit de Montferrand.

Ledit de Montferrand à l'encontre dudit d'Ancône, et de la 1re et 2e prise, ledit de Montferrand a attaint, des 3e et 4e, il a rompu et de la 5e attaint.

Ledit sgr. de Montferrand a couru contre J. Génevois; la 1re et 2e course ils ne firent aucune attainte, de la 3e, ledit Génevois rompit sur ledit de Montferrand, de la 4e, ledit de Montferrand fit attainte, et de la 5e ledit Génevois rompit.

Ledit sgr. de Montferrand a aussi couru contre Claude de Scey, et ont fait chascun une attainte.

Jean du Vernoy, l'un des soustenans a couru contre Vaulgrenans, ledit du Vernoy rompit deux lances sur ledit Vaulgrenans et fit une attainte; ledit Vaulgrenans fit deux attaintes.

Encore a couru ledit du Vernois à l'encontre de Marnoz, et de cinq courses ne firent nulle attainte, pour ce que le cheval dudit Marnoz fuyoit la lice; et sont tombés de dessus la selle raze quatre hommes d'armes; le tout achevé pour ce jour.

Le premier jour de janvier, a été trouvé au Vaulx de Mièges, près de Nozeroy, un bastillon de guerre à quatre tours, devant à pont levis, derrière une poterne pour faire saillie, et à l'entour dudit bastillon avoit un fossé assez profond; lequel bastillon estoit fourni d'artillerie taut grosse que menue.

Ledit jour, le sgr. prince d'Orange, accompaigné de ses compaignons et entrepreneurs et de 50 nobles hommes avec lui, bien armés d'alcrets, la dague au costel, et la pique au poing, se sont mis dedans ledit bastillon.

Et tost après le sgr. de Montferrand, accompaigné de mille hommes armés, et menant avec eulx grosse artillerie, vinrent assiéger ledit bastillon.

A la première venue, sortirent dudit bastillon environ 25 Albanois à cheval, qui allèrent pour amener une proye de moutons dedans le bastillon. Le sgr. de Montferrand estant averti de ladite saillie, envoya plusieurs autres Albanois, lesquels recouvrèrent lesdits moutons, et furent contraints lesdits du bastillon rentrer dedans, qui ne fut pas sans rompre plusieurs lances à l'encontre l'un de l'autre à la mode des Albanois.

Tost après ledit sgr. de Montferrand fist approcher son artillerie et battre ledit bastillon, fist faire un pont sur roues, et y pouvoient estre sur ledit pont cent hommes de front. Ledit sgr. de Montferrand par un hérault envoya sommer ceux dudit bastillon qu'ils voulsissent se rendre et vuider icelui, autrement il leur donneroit l'assaut. Ceux du bastillon répondirent qu'ils ne les craignoient en rien, et qu'ils n'avoient cause ni raison d'abandonner iceluy, ainsi le défendroient de tout leur pouvoir.

Incontinent firent saillie par devant à cheval et par derrière à la poterne à pied, et vindrent donner jusqu'à l'artillerie dudit Montferrand. L'allarme fut grande d'un costel et d'autre, et y eust si épaisse escarmouche, que ceulx du bastillon furent contraincts eulx retirer dedans, et ne fut pas sans grands coups donner, en sorte qu'il y eust beaucoup de blessés jusques à effusion de sang. En après la retraite fut sonnée et se retirèrent chascun en son lieu. L'artillerie dudit sgr. de Montferrand battoit tousjours le bastillon, et ceux de dedans se deffendoient aussi d'artillerie.

Tost après ledit de Montferrand, ensemble ses gens d'armes, résolurent de donner un assault à l'encontre dudit bastillon. Incontinent se mirent en ordre et au son de trompettes et tabourins vindrent à l'assault du bastillon, se ruèrent dedans les fossés et approchèrent ledit bastillon en dressant à foison échelles, et combattirent mains à mains. Lesdits du bastillon avoient foison d'artillerie, et combattoient à piques, lances et épées, et avoient foison lances à feug que faisoient grand dommaige aux assaillants. Ledit de Montferrand, voyant ce, fit sonner la retraite, pour laquelle cause l'assault cessa. Ceulx dudit bastillon, voyant qu'ils avoient résisté audit assault, firent une grosse saillie à la poterne; mais finalement ils furent reboutés dedans leur lieu.

Tost après ledit de Montferrand fit continuer sa grosse artillerie qui battoit le bastillon, et assembler tous ses gens, et conclut de donner un assaut plus fort et plus puissant que le premier; fit mettre et charroyer devant lui le pont ci-dessus nommé, lequel estoit sur roues, et le fit tant approcher qu'il entra dans le fossé, et venoit jusques aux creneaux dudit bastillon, et montèrent sur ledit pont des assaillans jusques au nombre de deux cents et dès icelui pont combattoient mains à mains aux creneaux du bastillon. L'assault commença de tous costés et échelles dressées, et y eust plusieurs de dessus les échelles renversés jusques en bas du fossé et furent blessés deux capitaines principaux dudit bastillon, et est à croire qu'il y en eust plusieurs autres, et dura l'assaut près de deux heures.

Ledit de Montferrand, voyant ses gens en ce party, fit sonner la retraite, pourquoy l'assault cessa, et aussi la nuit s'approchait.

En après par un hérault, il envoya derechef sommer ceulx dudit bastillon; lesquels firent réponse qu'ils n'avoient matière ne occasion d'eulx rendre, veu qu'ils avaient résisté aux deux assaults, et finalement fut conclu par ledit sgr. de Montferrand et ceulx dudit bastillon, que une trefve et abstinence seroient entr'eulx, jusques au lendemain heure de midy, et que artillerie et faits de guerre cesseroient d'un costel et d'autre; et fut deffendre à tous sur peine de la hart de non enfraindre ladite trefve.

Le deuxième jour de Janvier, l'an que dessus, le sgr. de Montferrand estant au siège devant ledit bastillon, à heure de midy, la trefve faillit entre lui et ceulx dudit bastillon, lesquels furent sommés par un hérault de rendre ledit bastillon, et firent réponse qu'ils auroient brief secours, pour laquelle cause ils n'avoient matière d'eulx rendre; et tost après ledit secours vint en belle ordonnance, jusques à la poterne du bastillon. Ceulx du dedans voyant ce, sortirent tous dehors avec foison artillerie de bataille et se joignirent avec ledit secours, eulx rangeant et mettant en ordre de bataille, leur artillerie devant eulx.

Le sgr. de Montferrand averti de ce, fit sonner trompettes et tabourins, se tira au champ pour prendre place de bataille, avec foison d'artillerie servant en tel cas; lequel de Montferrand envoya un capitaine pour visiter le convenant de ceulx dudit bastillon; lequel capitaine retourna à diligence et fit son rapport, que lesdits du bastillon estoient sortis dehors avec leur secours et qu'ils avoient prins place de bataille, foison d'artillerie devant eulx, et qu'il avait veu l'esplanade qu'ils faisoient devant eulx pour venir à la bataille.

Ledit de Montferrand, averti de ce, conclut et se mit en ordonnance de bataille, son artillerie devant luy, en faisant faire par devant luy l'esplanade; et incontinent se ruèrent en terre baisant icelle, en requérant Dieu que leur voulsist donner victoire.

Ceulx du bastillon voyant leurs ennemis en tel état, semblablement se mirent tous en terre, baisant icelle, comme il est de coutume en tel cas, en requérant Dieu qu'il leur voulsist donner victoire. Et incontinent qu'il furent en leur ordre, grosse escarmouche se alla dresser d'un costel et d'autre : l'artillerie tiroit d'un chacun costel à merveille, trompettes et tabourins sonnoient, et commencèrent les deux batailles à eulx approcher.

Ledit de Montferrand mit devant sa bataille un nombre d'enfants perdus, et lesdits du bastillon renversèrent par terre les enfants perdus dudit Montferrand. Finalement les 2 batailles se assemblèrent et combattirent tant et si longuement que ledit de Montferrand et ses gens furent contraincts de eulx mettre en fuite, et pour ce qu'il estoit près de la nuit, lesdits du bastillon se retirèrent au chasteau de Nozeroy; auquel lieu ils furent des Dames joyeusement receus, pour ce qu'ils avoient gagné la bataille.

Après qu'ils eurent fait bonne chière ensemble, les jeunes gentilshommes qui avoient esté en la bataille, pour donner passetemps aux Dames, se vinrent armer et monter à cheval à selle raze, dans la salle ou étoit la lice tendue, comme devant est dit, et devant lesdites Dames, tournèrent les uns contre les autres, à ladite selle raze, et se donnèrent de si grands coups de lance, qu'ils se portèrent par terre, hommes et chevaux d'un costel et d'autre, et coururent tant et si longuement, que par lesdites Dames furent requis d'aller reposer, pour les gros frais qu'ils avoient portés ce jour.

Fin de la fête d'armes de Nozeroy.

Philibert de Chalon n'avait que 17 ans, quand il soutint le pas d'armes de Nozeroy en 1519, et il s'étoit déja exercé en plusieurs autres. (Dunod).

Lettre de Philibert de Chalon a sa mère

17 août 1522. (*Arch. du Château d'Arlay*).

Madame, tant et si humblement que fère puis, à votre bonne grace me recommande. Madame, j'avois toujours eu espérance de bientôt vous aler faire la révérence, sy pays ou trêve fussent venues, mais à ceste heure, sumes plus à la gerre que jamés ; car l'empereur fayt une grose armée pour entrer en France, et m'a donné charge de dix mile homes de pyet espagnol, de quoi vous avertis voulentiers, pensant que n'en serés marrie. J'espère, à l'ayde de Dieu, de lui fère queque bon servyse. Madame, vous povés penser sy se sera sans ren despandre; car tiel cas ne se peut mener sans gros argent. Et pour ce que la chose est ative et que ne soroys avoir secours de vous, atans me suys adrécé à ung marchant, lequel me haylle cinc mille escus, quy s'apelle Jan Nobis; vous supliant, Madame, luy vouloyr fère rendre son argent, ainsy que verrés par la lettre de change que vous ay envoyé. Et pansant vous escripre souvant de mes nouvelles, voys prier Dieu vous donner bonne vie et longue. Escript à Valledolix, le XVIIe d'aoùt.

Votre très humble et très obéissant filz,

Philibert de Chalon.

A Madame, madame ma mère.

LETTRE DE PHILIBERT DE CHALON A SA MÈRE

5 juillet 1524 (Ibid).

Madame, il fault que je vous face savoyr des nouvelles qui ne vous serons guères joueussés, ny à moy aussy. C'est que, penssant venir au camp de l'empereur en ce pays, ey esté pris en chemyn par ung des plus gros maleurs du monde. Car les deux armée de mer de l'empereur et roy de France étions à une lieue ou deus près l'unne de l'autre; et, pansant ladite armée du roy de France estre la nostre, me suys approché cy près que à l'eure que je les avons descouvert pour ennemyes, ey eu la chase par les galères qu'estions en ladite armée, de sorte qu'il n'y a eu nul remède de me pouvoyr sauver, et suys icy en ceste armée entre les mains de l'amyral d'elle, qui s'apelle Monsr. de la Fayete, lequel, depuys pris, m'a fait le meilleur trestemant qu'il est posible.

Or, Madame, je vous suplie que ne prenés mélencolie de ma fortune ; car je vous prounest que j'en ay assés pour nous deux, de vous suplier d'avoir le prouchas de mon délivrement pour recommandé. Vous ay toute ma vie trouvé sy bonne mère, que suys asseuré que à mon grant besoin ne me faudrés, et d'autre costé l'empereur mon mestre au servyse duquel ey esté pris. Et vous prounest, madame, que le plus grant regret que j'ay est que se n'a esté à meleures enseygnes. Il m'a fait fère sy belles prounesses que je croys qu'il ne me oblyra point.

Et pour ce que je ne sey où l'on me merra au partir d'icy, vous suplie très humblement vous en enquérir, et me fère savoir de voz nouvelles. Car si l'on me donne congé de vous escripre, vous arés souvant des miennes. Et pour ce que se pourteur vous dira le tout, voys fayre fin à ma facheuse lestre, priant Dieu quy vous donne plus de playsir et melleur vie que je n'espère avoir de lonctamps.

Escript au port de Villefranche, qu'est à Monsr. de Savoye, où j'ai esté pris ce Ve de Jullet.

Vostre très humble et très obéissant filz,

Philibert de Chalon.

ARTICLE DU TRAITÉ DE MADRID EN FAVEUR DU PRINCE D'ORANGE

1526 (*La Pise*).

Art. XXXII. Item que Messire Philibert de Chalon, prince d'Orange, outre sa délivrance dont dessus est fait mention, soit restitué et réintégré, en faveur et contemplation de l'empereur, à la Principauté d'Orange, pour en jouir en telle autorité et prééminence, et tels droicts et tout ainsi que luymesme en a joui et possédé, depuis le trespas de feu Monsieur le prince d'Orange, son père, jusques à l'empeschement cy-mis par ledit sieur roy très chrestien, avant que ledit sieur prince revint au service de l'empereur. Aussi sont rendues et restituées audit seigneur prince les terres et seigneuries d'Orpierre, Tresclus, Montbrison et la parerie de Noveyssan située en Dauphiné, ainsi qu'il les tenoit et possédoit avant la guerre; et quant aux terres et revenu de Succine et Terfou situées et assizes au duché de Bretagne, il en sera remis au tel estat qu'il estoit au commencement de ceste guerre, et luy sont réservées et restituées toutes ses actions et droicts, et mesmement les cinquante mil escus qu'il prétend sur lesdictes terres, selon les lettres qu'il dit en avoir à son profit pour poursuivre ses dicts droicts et actions en justice, laquelle lui sera faicte et administrée sommairement et de plain, les tiltrs et droicts veus. Et luy seront encore reservés et restitués ce qu'il tenoit avant la guerre de la comté de Penthièvre, à sçavoir : Lamballe, Montcontour, les ports et hâvres de Crevon, et autres terres et droicts en dépendans, ainsi qu'il possédoit avant ladicte guerre. Et pareillement que le roy face payer audict seigneur tout ce qu'il monstre estre deub à feu M. le prince son père et à luy, tant par lettres dudict feu roy Louis douziesme, que de la feu reine Anne de Bretagne, sa compaigne.

CONDITIONS DE LA CAPITULATION APRÈS LA PRISE DE ROME

1527 (*Ibid*).

...Que le pape payeroit à l'armée 400 mil ducats, sçavoir est : 100 mil présentement, 50 mil dans vingt jours et 250 mil dans deux mois; qu'il remettroit en la puissance de l'empereur, le chasteau st. Ange, les rocques d'Ostie, de Civita-Vecchia, de Civita-Castellana, les cités de Parme, de Plaisance et de Modène, que le pape demeureroit prisonnier avec les treize cardinaux qui l'accompagnoient, jusques à ce que les premiers 150 mil ducats fussent payés et qu'après ils iroient à Naples ou à Gaëte, pour y attendre ce que l'empereur ordonneroit d'eux; que pour asseurance des deniers, il bailleroit en otages les archevesques de Siponte et Pise, les evesques de Pistoye et de Vérone, Jacques Salviati, Simon de Ricasole, et Laurent, frère du cardinal Rodolphe.

CONDITIONS DE LA MISE EN LIBERTÉ DU PAPE

1527 (*Ibid*).

...Que le pape ne feroit aucune entreprinse contre l'empereur, tant pour le regard des affaires de Milan que de celles du royaume de Naples; qu'il luy accorderoit la Croisade en Espagne, et une décime des revenus ecclésiastiques en tout son royaume; que pour seureté de l'observance, Ostie et Civita-Vecchia demeureroient entre les mains de l'empereur; qu'il luy consigneroit Civita-Castellana et la rocque de Forli; qu'il bailleroit pour otages Hyppolite et Alexandre ses neveux, et jusques à leur arrivée, les cardinaux Pisani, Trivulce et Gaddi; qu'il paieroit 350 mil ducats, sçavoir est : 60 mil comptant aux Lansquenets et 35 mil aux espagnols, dans quinzaine pareille somme, le reste dans trois mois.

ARTICLE DU TRAITÉ DE CAMBRAY EN FAVEUR DU PRINCE D'ORANGE

1529 (*Ibid*).

XXXVIII. Item, que ledit sieur roy très chrestien a levé et lève par ledict traicté la main mise et tout autre empeschement de sa part faict et mis aux principauté d'Orange et souveraineté d'iceluy, au prouffit de Messire Philibert de Chalon, prince dudict principauté et vice-roy de Naples, pour en jouir, ensemble des prééminences, supériorités et souverainetés par luy prétendues, ainsi que faisoit par ayant lesdites mainmise et empeschement, nonobstant iceluy, ou quelconques sentences, exceptions, aultres exploicts et actes de justice faits à ce contraires, lesquels demeurent nuls et de nulle valeur, et tels se déclarent par le présent traicté. Et n'entend toutesfois ledit sieur roy, par le moyen d'iceluy article, attribuer audict prince d'Orange aultre droict que celuy qu'il avoit au temps de ladicte main-mise faicte en ladicte souveraineté, auquel droict ledict prince demeure; et quant aux aultres affaires dudict messire Philibert de Chalon, dont mention est faicte au traicté de Madrid, ils seront dressés, formés et accomplis selon que audict traicté est dit et déclaré.

LETTRE DE PHILIBERT DE CHALON A L'AMIRAL BRYON

2 février 1530. (*Arch. du château d'Arlay*).

Monsieur l'admiral, je me recommande à vous de bon cœur. J'ai envoyé ung de mes gentilshommes devers le roy pour soliciter aucuns miens affaires. Mesmement, pour ce que en traictant la paix à Cambray, le roy ne m'a voulu faire main levée des terres de Succinio et Touffou assises en Bretaigne, lesquelles furent données à feu Mons. mon père, à condition de réachat de cinquante mil escuz. Mais seulement a esté dict que le droit et action que je y prétendoye m'estoit réservé pour le poursuyr en justice, soubz couleur que les officiers du roy ont proposé, en débatant les matières, que payement avoir esté fait desditz cinquante mil escuz; ce que jamais n'a esté fait, car monsieur mon père en a joui tout son vivant à ladite condicion de réachat, et jusques à ce que la feue royne Anne reprint lesdites terres en ses mains, après le trespas de mondict père, moy estant pupille et moindre d'ans, sous promesse qu'elle feit de payer lesdits cinquante mil escuz et les a tousjours tenues sans jamais payer aulcune chose desditz cinquante mil escuz.

Je vous prie vouloir tenir main envers le roy qu'il luy plaise me laisser la jouissance desdictes terres, à ladicte condition de réachat, ou du moings qu'il me face promptement payer lesditz cinquante mil escuz pour ledict réachat; et pareillement XXVII mil francs d'ung cousté et XXI mil IX cens d'aultre, qui me sont justement deus par lettres qui ont été veues à Cambray par les commis du roy; et j'en demeureray tout à vous, et si en quelque chose me voulez employer, me trouverez à vostre commandement.

Et sur ce, Mons. l'admiral, prie Nostre-Seigneur vous donner en santé bonne vie.

Du camp de l'empereur près Florence, second jour de février 1529 (1530).

(Autog.) Le Tout votre cousin

Philibert de Chalon.

LETTRE DE PHILIBERT DE CHALON A SA MÈRE

5 février 1530 (*Ibid*).

Madame, tant et s'y très humblement que fère puys, à vostre bonne grace me recommande. Madame, j'ai receu voz lestres par Barnart Choux. Et à ce que m'escripvés de solicyter et suplier l'empereur pour lestre au roy de France touchant mes affères là, j'ay dépesché incontinent ce pourteur mesmes à Boulongne pour les solicyter et della s'en aller trouver Chalain, lequel j'avoys dépéché par avant pour le mesme effet; sy vous plest de vostre costé, le ferés bien informer de ce qu'il ara à fère.

Touchant les lestres de l'empereur, advisant à Madame sa tante et à Mons. de Savoye pour le plaset de mon cousin, vostre neveuz, j'en ai aussi escript; pareillement ay dépéché ce pourteur pour avoyr les bulles que vous demandés des capitayneries qu'avés donnés à mon cousin George. Il n'y a que répondre; car de cela et de toutes autres choses, vous estes et serés toujours dame et mestresse. De ce que m'escripvés de Mons. de Brienne, quant son homme viendra, je m'y empliray en tout ce quy me sera possible.

Quant à ce que m'escripvés touchant ce que j'ay prys à Charles Marcel; il est vray que j'ay pris à son frère des dras de soye, et l'ay adresé à vous pour en fère le payement. Il a ma lestre; je m'esbays comme il ne la vous a présentée. S'il vous plest, le ferés contenter; car d'icy il n'y a pas ordre. Aussy des troy mille escus de Fornary, je luy ay escript qu'il les me fasse tenyr. De ce qu'yl fera serés avertie.

Madame, vous m'escripvés que je lise ung capitre de vostre lestre deux fois; et yl eut bien soufit d'ung, veu la matière que c'est, et s'il je pouvoys fère ce qu'yl contient seulement à le lire, je seroys contant d'en prendre la payne quatre. Le pis est quy fault venyr à l'effayt, lequel est plus dangereux que l'escripture. Toutefoys, puys qu'yl vous plest que je vous en réponde, je le feray : qu'est que vous vous pourrés informer du mariage que ledit s^{r}. de Guysse veult donner à sa fille, et sans conclure, tenir la chose en pratique, pour celon le tamps quy courra me pouvoyr après résouldre. Et me pourrés avertir de ce qu'en arés fayt.

Madame, je prie nostre Seigneur vous donner bonne vie et longué. Au camp devant Florence, le Ve de février.

Vostre très humble et très obéissant filz,

Philibert de Chalon.

A Madame ma mère, madame la princesse d'Oranges.

LETTRE DE CHARLES-QUINT, EMPEREUR, A PHILIBERTE DE LUXEMBOURG

11 août 1530. *(Ibid)*.

Ma cousine, j'envoye le sgr. de Nortout, gentilhomme de ma maison, présent pourteur, devers vous, pour les causes que de lui entendrez; et vous prie le croire comme moi-mesmes et vous conformer à ce qu'il vous dira de ma part, selon que de vostre prudence et grande vertu je confie. Et vous pouvez estre asseurée que me trouverez tousjours dutout entièrement enclin au bien, bonne adresse et faveur des choses qui concerneront vous et voz affaires, et me seront recommandez comme les myennes propres. Priant Dieu à tant, ma cousine, qu'il vous ayt en sa très saincte garde.

Escript en Augsbourg, le XIe d'août MVc.XXX.

Charles.

Perrenin.

LETTRE DE PHILIBERTE DE LUXEMBOURG A L'EMPEREUR CHARLES-QUINT

(minute) 27 août 1530 *(Ibid)*.

Sire, tant et si humblement que fère puis à vostre très sacrée Majesté me recommande.

Sire, j'ai receu les lettres qu'il vous a pleu m'escripre par le sgr. de Nortou, et entendu ce qu'il m'a dit de vostre part touchant les infortunes et regretz advenuz à moy du trespas de feu Monsieur le prince, mon filz, vostre tant bon et loial subjet et serviteur, et ne soroie, sire, assez très humblement remercier à vostre Majesté l'honneur qu'il vous a pleu en ce me fère, et aussi le bon vouloir et affection qu'il vous plait avoir à moy et à ceste maison, en laquelle a eu tant de si bons et loyalx serviteurs de très excellente mémoire mes seigneurs voz prédécesseurs, que Dieu ait, et qui n'ont jamais riens espargné pour leurs services; vous suppliant très humblement, sire, qu'il vous plaise avoir icelle maison et moy pour recomman-dez; de laquelle je désire que toujours puissiés avoir du service comme du passé, ainsi que j'ay plus au long déclairé audit sgr. de Nortou; lequel je vous supplie sur ce ouyr et croire.

Sire, pour fère le devoir et acquit deu au trespassé, j'ay mandé à Boloigne fère amener le corps en ce vostre pays, et advisé fère son obsèque funéral les tier et quart jours d'octobre prouchain, suppliant très humblement à vostre Magesté, que, en souvenance des services que de si bon et gros vouloir il s'est perforcé vous fère jusques à perdre la vie, vostre plaisir soit luy fère ce honneur et à moy d'envoier à sondit obsèque, et me vouloir au surplus tousjours commander voz bons plaisirs, pour iceulx accomplir de tout mon povoir.

Sire, je prie nostre seigneur vous donner très bonne et longue vie.

De Nozeroy, le XXVIIe d'aoust 1530.

LETTRE DE FRANÇOIS, DAUPHIN, A PHILIBERTE DE LUXEMBOURG

2 octobre 1530 (*Ibid*).

Ma cousine, j'ai receu voz lettres, et vous prometz que j'ay esté autant marry de vostre fortune, que de chose qui me soit advenue de longtemps, tant pour l'amour de vous, que pour la perte que j'ai faicte d'un si vertueulx et honneste parent, comme était feu mons. le prince vostre filz, lequel j'aymois comme mon propre frère; toutesfois il faut avoir patience et s'accorder au voulloyr de Dieu, comme je suis bien seur, ayant esgard à vostre grande prudence, saurez bien faire. Et quant à ce que me mandez, que vous voullez faire les funérailles, je y fusse très voluntiers allé moy mesmes en personne, pour honnorer le corps qui a tant mérité d'honneur comme cestuy-là, et luy monstrer l'amytié que je luy portoys, laquelle ne dyminuera jamays, de sorte que en tout ce qu'il me sera possible je ne face pour vous comme je pense que luy auroit voullu faire; mais, il ne m'est possible de laisser pour le présent le roy, par quoy j'envoyeraí ung gentilhomme pour y assister en ma place. Et vous prye, ma cousine, que si vous avez quelque affaire de par deçà, et congnoissiez que je vous puisse faire quelque plaisir, que vueilliez m'y emploier si privément que eussiez peu faire le deffunct votre filz. Car vous ne trouverez point de moins bonne volunté que luy. Et je prie à Dieu, après m'estre recommandé bien fort à vostre bonne grace, vous donner, ma cousine, joye et bonne vye et longue. Escript à Amboize, le IIe jour d'octobre.

Vostre meilleur cousin, bon amy
Françoys

A ma cousine, madame la princesse d'Orange.

SUPPLIQUE DES HABITANTS DE NOZEROY ADRESSÉE A PHILIBERTE DE LUXEMBOURG

1530 (*Ibid*).

Madame,

Supplient très humblement voz très humbles et obéissans subjetz les habitans en vostre seignorie de Noseroy et vault de Mièges, que puisqu'il a pleut à Dieu permectre leur advenir si très groz et merveilleux inconvéniant et fortune que de la privacion de leur très redoulté et tant bon seigneur (que Dieu absoille !), que leur sera regret perpétuel ; eulx advertiz que le tant noble, hault, excellent et vertueux cueur de leurdit feu seigneur a esté apporté par deça et n'est encores mis en sépulture, ilz vous sont venuz très humblement supplier et requérir qu'il vous plaise avoir pitié de leurs grosses doleurs, et pour leur en donner quelque consolation, vouloir faire porter et sépulturer ledit tant hault, très noble et excellent cueur en telle des églises de vostre dite ville de Noseroy, qu'il vous plaira, en considération de la nourriture qu'il lui a pleut d'y prendre, et de la grosse et merveilleuse amour que eulx et tous ceulx de la montagne ont tousjours eu, encores ont et perpétuelment auront audit feu tant bon seigneur, pour lequel, combien qu'ils soient ja entièrement en ce enclins, prieront et auront tant meilleure occasion prier, comme ils font journellement, nostre seigneur pour le salut de son âme, et pour la bonne prospérité de vous, Madame, où ilz ont tousjoure eu et ont tout leur entier espoir comme à leur bonne Dame.

(La réponse de Philiberte se faisant attendre, ils lui adressèrent de nouveau leur demande en ces termes :)

Plaise à Madame savoir que vos très humbles et très obéissans subjetz de la ville de Noseroy, Vault de Mièges, terroirs de La Rivière, Joigne, Chalamont, et autres de la montaigne, ont ordonné aux porteurs de cestes, qui sont desditz lieux, aussi voz très humbles subgetz, venir devers vous pour vous représenter encores une fois leur très humble requeste, touchant la sépulture du tant hault, vertueux et très noble cueur de feu Monseigneur leur tant bon seigneur (que Dieu absoille !) ; pour ce, Madame, que tous, tant riches, pouvres, hommes, femmes et enffans desditz lieux ont telle si grosse et merveilleuse affection, qu'il vous plaise de considérer les causes et leur accorder le contenu en leur dite requeste qu'il leur semble qu'ilz n'auront jamais consolacion ne confort, s'ilz estoient de leurdicte requeste reffusez; et vous suplient très humblement, Madame, qu'il vous plaise, en considéracion du contenu en icelle et d'autres choses, que, si de vostre bonne grace vous plait les ouyr, vous seront déclarées, faire ensépulturer ledit si très hault, noble et vertueux cueur en l'une des églises de la ville de Noseroy ou de Mièges, et à tousjours mais, perpétuelment, eulx et tous ceulx des montagnes, prieront tant plus Nostre-Seigneur pour luy et vous, Madame, et pour vostre très noble estat.

FUNÉRAILLES DE PHILIBERT (1)

(Gollut). *Mém. des Bourg. de la Fr. Comté* (p. 1051).

Le prince Philibert, ayant été tué à Empoli, sur le temps de la victoire qu'il gagnoit sur Ferrucci et son camp florentin, fut porté au logis de Alphonse d'Avalos, marquis de Guast, et delà à une chartreuse distante de deux milles, d'où il fut enlevé, quinze jours après, et porté à Bologne, et delà passé par le mont Saint-Bernard jusques à St-Claude en Bourgogne, accompagné de ses domestiques et de quelques archiers, qui l'avoient servi en ses charges, et y arriva le 12 d'octobre 1530. Là, se trouvèrent les sieurs Antoine de Luxembourg, comte de Ligny et George son frère, accompagnés de grand nombre de gentilshommes de la Franche-Comté, qui firent faire quelques dévotions pour les trespassés, ayant esté l'église tapissée de velours noir, chargé des armes du trespassé, avec les croix blanches, la chapelle ardente, cierges et torches éclairantes partout.

De St-Claude, le corps fut porté à Clereval, puis à Orgelet, où semblables services furent faicts, puis le 23e jour, il fut porté à St-Désiré de Lons-le-Saulnier, où en pareille, voire plus grande magnificence, l'église fut parée, estant le corps accompagné non seulement des seigneurs susdicts, qui étoient venus de St-Claude, et des sieurs députés de la part de messieurs des ligues, qui estoient allés au-devant jusqu'à Conliège, mais encore des sieurs René de Nassau, comte de Vianc, fils de dame Claude,

(1) *Une relation originale de la pompe funèbre de Philibert de Chalon*, a été publiée en 1819, par le comte de Saix d'Ornans; nous avons cru intéressant de donner ici la description de Gollut, dont l'ouvrage est très rare.

sœur du prince défunct, et héritier d'iceluy, lequel estoit honoré des ambassadeurs de l'empereur, roi d'Hongrie, dame Marguerite, duc de Savoye, duc de Lorraine, marquis d'Arschot, sieur de Fienne, comte de Gaure, vicomte de Martigue, madame d'Ais et comte de Montbéliard. Et en personne se trouvèrent les révérends archevesque et evesques de Besançon, de Langres et de Genefve; les révérends abbés de Baume, de la Charité, de Montbenoit, de Balerne, du Miroir, avec les seigneurs maréchal de Bourgogne, sieur de Vergy, et autres, desquels sera faicte cy-après mention particulière, les députés de la saulnerie et du puits à muire, avec ceux des villes de Besançon, Salins, Dole, Gray, Vesoul, Arbois, Poligny et Pontarlier, qui s'y trouvèrent pareillement.

Et en venant, estoient portées ses pièces d'armes d'honneur, et ses bannières de guerre, son épée, sa cotte d'armes, la toison d'or, le coronal ou chapeau ducal, le sceptre de vice-roi de Naples, le cheval d'honneur caparassonné de velours noir, conduit en main, avec deux hérauts aiant devant eux la bannière papale, la bannière de général d'Italie, le pennon, le grand étendard, chargés des armes impériales, le guidon portant la devise de l'empereur et sa cornette. Puis venoient les pages portant l'armet, les grandes pièces, les gantelets et les éperons à la molette levée en haut, suivis par le second escuyer d'escuyerie. Mais devant ces pages, estoient traînées les bannières conquises en la guerre, sçavoir : l'étendard du peuple romain (1) et les aultres. En après, estoit portée une bannière de chevaux légers, et trente sept de fantassins, devant lesquelles marchoient les enfants d'eschole, les prestres, les religieux, les prélats, les officiers des seigneuries, les baillis, advocats, procureurs, serviteurs des gentilshommes domestiques, les trésoriers, receveurs, greffiers et secrétaires, les gentilshommes, les trompettes, et deux hérauts d'armes, tous revêtus en deuil.

Puis le corps suivoit, porté en une litière de velours noir, répartie par une croix de satin cramoisi, qui estoit portée par deux mulets, couverts de même avec le blason au front, et guidés par deux pages vestus de deuil et teste nue. Les quatre coings estoient portés par quatre gentilshommes, qui se trouvoient dessous un poile de semblable parure, qui estoit porté par les quatre échevins de la ville, serrés par vingt quatre hallebardiers

(1) Madame Philiberte de Luxembourg en ayant refusé la restitution moyennant un grand prix, il fut résolu au capitole de Rome, que l'on brûlerait le lieu, auquel ledit estendard estoit serré ; ce qui fut faict par deux hommes habillés en Cordeliers.

du Prince, vestus de deuil, portant en dedans la rue leurs hallebardes basses, et du costé des maisons, la torche ardente.

Mais immédiatement près le corps, estoit Bourgogne, roi d'armes de l'empereur, comme conducteur du deuil, représenté par les sieurs René de Nassau, comte de Ligny et George de Luxembourg, accompagnés des ambassadeurs susdicts.

Puis le corps fut mis sous un ciel estant au milieu de l'église, et sur iceluy fut mise la cotte d'armes, et l'épée devant ses pieds sur une table couverte d'un drap d'or, armoié de ses armes en broderie; et sur carreaux de velours cramoisi, la toison, le coronal et le sceptre au milieu; et aux deux bouts, l'armet, les autres pièces, les gantelets et les éperons; et quant aux bannières, elles furent plantées en rateliers, et les torches en torchiers à ce ordonnés; et quatre gros cierges armoiés aux quatre coins. Puis furent célèbrées les vigiles et le lendemain les messes.

Mais comme la sépulture du corps estoit destinée au couvent de saint François (Cordeliers dudit Lons-le-Saulnier) a raison de ce que Jean de Chalon, prince d'Orange, père du deffunct, y estoit enterré, et que dame Philiberte de Luxembourg, femme dudict Jean de Chalon, y destinoit son dernier logis (combien que le lieu de la sépulture ordinaire des Chalon soit en l'abbaye de mont sainte Marie); on para l'église de draps de soie et de laine; illuminée d'une très grande multitude de torches, cierges et flambeaux; estant le milieu continué par toutes les advenues et rues jusques à St. Désiré, et distingué en deux flancs, par une continuation de barrières de bois, qui servaient pour assiette de flambeaux, et pour arrester le peuple qui, par dévotion ou curiosité, désiroit de voir ceste si grande et comme royale solennité.

La chapelle ardente estoit de 40 pieds de hauteur, 12 de long et 8 de large, distinguée en cinq estages; chargée de croix croisées, recroisetées, toute ardente de flambeaux et coronées au sommet d'une corone dorée.

A la première pente, pendoient deux largeurs de velours frangées de soie et chargées des blasons des armes du prince, estant les quatre colonnes, destinées pour les quatre quartiers des armoiries, portées par quatre bannières, comme encore affixées contre quatre grands cierges de cire vierge. Oultre quoy, pendoient les escripteaux des épitaphes, et au-dedans étoit posé le corps.

Le 24e d'octobre, le deuil marcha entre 4000 torches, données par les seigneurs et villes du pays, sans y comprendre celles du prince, et fut conduict par les seigneurs des Guerres, Montfalconnet, et La Barre, maistres des cérémonies; marchant premièrement les enfants, les prestres, les religieux, la chapelle du prince, les prélats revestus pontificalement, et les habitants subjects, puis les députés de Pontarlier, de Vesoul, de Poligny, d'Arbois, de Gray, de Dole, de Salins et de Besançon.

En après, les officiers du puits à muire et de la grande saulnerie; puis treize vingt pauvres portant deuil et torches armoiées à double blason; puis les serviteurs des gentilshommes de la maison; après lesquels quatre massiers, portant masses armoiées aux armes du prince, conduisoient les officiers des seigneuries et justices du prince, comme les baillis, advocats, etc....

Puis venoient les trompettes, portant leurs bannières espanchées sur le dos, qui estoient suivies par le sgr. de Montvarent, escuyer, portant la cornette des couleurs du prince, devant les pages d'honneur, suivis par les gentilshommes de la maison, qui avoient après eux les maistres d'hostel, desquels le grand maistre alloit seul, ayant après lui deux poursuivants d'armes du feu prince, nommés Tonnerre et Chastelbelin, revestus de leurs cottes d'armes, avec des rameaux verds de palme en main, ayant le chaperon en teste.

Puis le sieur de Largillat venoit avec le guidon des couleurs, devant trente sept enseignes de gens de pied, gagnées sur les ennemis, lesquelles estoient trainées en terre par autant de serviteurs, habillés en deuil comme les autres.

MARCHÉ POUR LA CONSTRUCTION DU TOMBEAU DE PHILIBERT

23 janvier 1531. (*Arch. du château d'Arlay*).

« Le marchief de la grande sépulture. »

« A tous présens et advenir apparisse évidamment et soit chose notoire et manifeste, que, en la présence et par devant Jehan Pariset de Lons-le-Saunier, clerc, notaire juré et coadjuteur des cours et tabellionnez du bailliage d'Aval, ou comté de Bourgoingne et de la court de l'officialité de Besançon et des tesmoings aval nommez, parsonnellement establis, haulte, très noble et puissante dame Madame Philiberte de Luxembourg, princesse d'Oranges, contesse de Charny, dame dudict Lons-le-Saunier, etc., d'une part, et maistres Gonra (1) Mait, flamand, et Jehan Baptiste dit Mariau (2),

(1) Conrad Mayt.
(2) Mario.

florentin, tailleurs et ymageurs, d'aultre part; lesquelles parties, bien advisées en leurs faiz, de leurs bonnes volentez et pour ce que ainsi leur a pleu et plait, pour elles, leurs hoirs et successeurs, ont faitz, convenu et accordé et par cestes font, conviennent et accordent les marchiefs cy-après déclarez, ainsi que s'ensuyt :

Mesmes iceulx maistres Gonra et Jehan-Baptiste de faire et parfaire, et rendre faiz et parfaiz, assavoir, ledit maistre Jehan-Baptiste toute la massonnerie, et ledit maistre Gonra toute l'ymagerie, pourtraictures, anges, et aultres, quelz qu'ilz soient, des ouvrages de la sépulture que madite dame veult et entend estre faicte au cueur de l'église du couvent des frères mineurs dudit Lons, le tout cy-après divisé et déclairé.

Premièrement, de commancer et faire ladite sépulture de pierre d'albastre, contre et ou deans de la muraille d'entre ledit cueur de ladite église et la sacristie d'icelle ; pour quoy faire sera tréfoncé deans ladite muraille d'environ deux piedz ou plus, selon qu'il sera nécessaire et advisé pour le bien de la chose; et sera de la largeur et grandeur dèz le bout des formes et sièges estans oudit cueur de ladite église, jusques à la fenestre ou verrière estant emprès le bout du grant haultel du costel de ladite sacristie, et de la haulteur souffisante et qu'il sera nécessaire, pourpourtionnée et consonnant à ladite largeur pour la beauté et perfection des ouvraiges et sépulture.

Sera tenu et promet ledit Jean-Baptiste de faire ung gros et grant pillier de ladite pierre d'albastre au long et du coustel desdits sièges et formes, qui sera bien fait, de bonne apparance, enrichi et revesté d'ouvrages faits d'antiquailles, feuillages et de bonne massonnerie, et le plus beau que fère se pourra; lequel pillier sera de la haulteur de ladite sépulture et fera rive et pied droit devers lesdits sièges; et au pied d'icelluy sera faicte une porte de la grandeur et largeur nécessaire au lieu de celle y estant de piet entrant oudit couvent, qui sera bien faicte, revestue et garnie, ensemble ledit pillier, de tous ouvraiges fais d'antiquailles, molures petites et grosses, filletz et feuillages, et aultres, et le plus riche que faire se pourra.

Et dessus ladite porte, en montant contremont, seront faictes deux places et siéges, esquelles deux places ledit maistre Gonra fera, mectra et asserra, assavoir, ou bas, l'ymage de l'une des quatre vertus, et en la place dessus une aultre ymage et pourtraicture telle qu'elle luy sera ordonnée de part madicte dame; icelles ymages et pourtraictures faictes de bonne et souffisante grandeur et pourpourcionnées selon l'ouvrage, et le mieulx faictes et auprès du vif que faire se pourra.

Item dudit coustel fera ledit maistre Jehan Baptiste ung aultre beau et grant pillier qui sera bien fait et enrichi desditz ouvrages fais d'antiquailles, dans lequel, ou bas d'icelluy pillier, sera laissée une place dedans laquelle sera faicte et mise par ledit maistre Gonra la pourtraicture de madite dame à genoux et les mains joinctes, qui sera de sa grandeur, et bien faicte, au plus près du vif que faire se pourra ; et au pied d'icelle sera faict le blason de ses armes, avec telz épitaphes et dictiers gravez qu'il luy plaira ordonner y estre mis.

Item dessus ladicte pourtraicture, en cinq places qui y seront laissées propres par ledit maistre Jehan Baptiste, ledit maistre Gonra sera tenu et promect faire mectre et asseoir les pourtraictures, assavoir, de l'une des quatre vertus, ou millieu dudit pillier, qui sera plus apparente et eslevée que les aultres quatre personnages ; iceulx quatre personnages représentans quatre des neuf preux, qui seront mis en dessus et seront fais de telle grandeur et grosseur qu'il appartient et emprès le vif, et enrichis et revestus d'ouvraiges comme appartient. Toutes lesquelles pourtraictures auront et tiendront les épitaphes, escus et blasons telz qu'ilz seront ordonnez et advisez, et seront lesditz épitaphes aussi gravez et dorez de fin or. Item fera et promect ledit maistre Jehan Baptiste de faire ung arc en volte triumphant, joignant audit pillier en forme et fasson de chappelle, la plus belle et enrichie que faire se pourra, tant d'ouvraiges d'antiquailles, médailles, feuillages, frises, que aultres, deans laquelle ledit maistre Gonra fera, mectra et asserra la pourtraicture de feu monseigneur, que Dieu absoille, à genoux, bien faite et emprès le vif, et habillée en abbis ducal, le couronnel sur sa teste, le colier de la toison au col, de telle haulteur et grandeur que faire se pourra et debvra; devant lequel et deans ladite chappelle il fera aussi l'ymaige de Nostre-Dame de Lorette, directement à l'aspect et regard dudit feu seigneur ; ladite ymaige de Nostre-Dame faicte, eslevée et soustenue par anges et sur nues, ainsi qu'il appartient.

Item, ou deans dudit arc et chappelle, devers ladite pourtraicture dudit seigneu·, ledit maistre Gonra fera une pourtraicture représentant bonne renommée, qui sera bien faicte et taillée, de bonne haulteur et grandeur, bien enrichie et au plus près du vif que faire se pourra, et tiendra en l'une de ses mains une palme, et de l'aultre main présentera ledit feu seigneur ; lequel personnage représentant bonne renommée sera revestu de deux anges bien faictz, comme il est ès pourtraicts. Et emprès les genoux dudict feu seigneur, sera fait et mis le chappeaul ducal sur ung oreillier fait à damas ; et soubz les genoux dudit feu seigneur aura ung aultre oreillier, le tout faict le plus richement que faire se pourra. Et encore emprès cette pourtraicture dudit feu seigneur, sera faict ung lévrier en son repos, bien fait et pourportionné.

Item, soubz ledit arc et chappelle sera faicte par ledit maistre Jehan-Baptiste une volte et concavité revestue par devant de beaux pilliers, le tout bien fait et enrichi d'antiquailles et d'ouvraiges semblables comme dessus, deans laquelle sera faicte par ledit maistre Gonra la pourtraicture d'un transsit (1) et mort, le tout de grandeur souffisante, mesmes ledit transsit, comme estoit ledit feu seigneur, et le mieulx que faire se pourra.

Item, fera ledit maistre Jehan-Baptiste soubz ledit transsit les marches et degrez tout le long de ladite sépulture de telle haulteur, grandeur, largeur et ouvrages qu'il appertient, pour correspondre et consonner au surplus desdiz ouvraiges.

Item, dessus ledit arc triumphant et chappelle, où sera ladite pourtraicture dudit feu seigneur, aura et sera faicte une belle place de la largeur d'icelle chappelle, deans laquelle place sera faicte et mise par ledit maistre Gonra une pourtraicture représentant Palas déesse des guerres, qui sera couchée, et armée par le corps, tenant ung escu et une lance, revestue et embellie de deux anges et desditz ouvraiges fais d'antiquailles. Et seront fais et mis emprès d'elle, le armet, les éperons, une chouette, et les autres choses nécessaires, selon qu'il sera advisé, avec aussi les épitaphes et dictiers qui seront divisez, qui y seront gravez et dorez de fin or.

Item, dessus ladite pourtraicture de ladite déesse, aura une aultre place bien faicte, en laquelle ledit maistre Gonra fera mectre et asserra le neufviesme preux, qui sera bien faict, et le tout garni et revestu de bons ouvraiges d'antiquailles, frises, médailles, anges et aultres menuz ouvraiges nécessaires, et sera ledit preux et aussi les aultres preux armez, vestus, fais, parfais selon leur nature et emprès les vifz, garnis et revestus de leurs escuz et épitaphes, qui seront advisez et ordonnez.

Item, de l'autre costel, devers ladite fenestre et verrière, ledit maistre Jehan-Baptiste fera ung aultre grand pillier à deux estages, joignant à ladite volte et chappelle. Deans le premier estage dudit pillier et en bas d'iceluy, entre ledit pillier et l'aultre prouchain, sera faicte et laissée une belle et sumptueuse place, et deans icelle sera mis et eslevé la représentation et pourtraicture de feu, de très recommandée mémoire, monseigneur messire Jehas de Chalon, en son vivant prince d'Oranges, mary de madite dame, qui sera fait par ledit maistre Gonra, et habillé en prince, l'ordre

(1) Défunt.

de France au col, avec ses dicticrs et épitaphes, qui seront gravez telz qu'ilz seront ordonnez et divisez. Et sera faicte une ymage devant luy, telle que madite dame ordonnera.

Item, au dessus ou second estage du pillier, seront faictes et laissées par ledit Jehan-Baptiste cinq places bien faictes, semblables à celles du second pillier de l'aultre des coustez premièrement cy-devant mentionnées, lesquelles places seront remplies et garnies de quatre preux et de l'une des quatre vertus, qui seront faiz par ledit maistre Gonra comme les autres cy-devant.

Item, sera faict par ledit maistre Baptiste un aultre grant pillier à la ryve, au long du lavabo et de la fenestre de ladite verrière emprès le grant haultel, bien fait d'ouvraiges d'antiquailles, feuillages et frises, et revestu comme les autres cy-devant mencionnés de diverses sortes, au bas duquel pillier sera faicte en ladite muraille une trégranture en forme de cul de lampe, et arnolz pour y mectre et asseoir les siéges des prebtre, diacre et sous diacre; et le dessus selon la forme et de la fasson du premier pillier cy-devant mencionné; et le dedans sera revestu d'ouvrages d'antiquailles, ymages et aultres, le myeulx que possible sera.

Item, au dessus de tous lesditz ouvrages sera faict ung grant blason des playnes armes de mondit feu seigneur le prince, de bonne grandeur, pour estre bien veu, timbré, couronné, la toison d'or à l'entour, et aultres accoustremens ainsi qu'il appertient. Et encores, esditz pilliers et au dessus desditz ouvrages, seront fais des triumphes et diversitez d'ouvrages d'anticquailles, médailles, anges, enffans, ymages, bestions et personnages en grant nombre, bien faiz, pour remplir et pour l'embellissement desditz ouvrages et sépulture, et les plus beaulx et riches que faire se pourra, et encoires mieulx que ne monstrent lesdites pourtraictures sur ce faiz.

Item, sera faicte une porte de pierre de pays, pour entrer dès le dedans de l'aultre porte devant mencionnée en ladicte sacristie, qui sera bien faicte et revestue de taille.

Item, feront de pierre d'alebastre le lavabo estant emprès et servant au grant haultel, qui sera bien fait, taillé d'anticquailles et menuises pour correspondre auxditz ouvraiges, et y seront fais les bestions et ymages nécessaires.

Item, sera faict ung eau benistyer qui sera bien fait et revestu, taillé de bons et riches ouvrages comme dessus, et y aura ung ange dessus, et le tout fait le mieulx que faire se pourra selon lesditz pourtraicts, et sera mis où il sera advisé pour le mieulx. Et feront et engraveront lesditz ouvriers

www.ingramcontent.com/pod-product-compliance
Ingram Content Group UK Ltd.
Pitfield, Milton Keynes, MK11 3LW, UK
UKHW021105220726
13924UKWH00004B/1528

9 782019 916947